Descubra Juegos Gratis Online

Disponibles Aquí:

BestActivityBooks.com/FREEGAMES

5 CONSEJOS PARA EMPEZAR

1) CÓMO RESOLVER LAS SOPA DE LETRAS

Los rompecabezas tienen un formato clásico:

- Las palabras se ocultan sin espacios ni guiones,...
- Orientación: Las palabras pueden escribirse hacia delante, hacia atrás, hacia arriba, hacia abajo o en diagonal (pueden estar invertidas).
- Las palabras pueden superponerse o cruzarse.

2) APRENDIZAJE ACTIVO

Junto a cada palabra hay un espacio para anotar la traducción. Para fomentar un aprendizaje activo, un **DICCIONARIO** al final de esta edición te permitirá comprobar y ampliar tus conocimientos. Busca y anota las traducciones, encuéntralas en el puzzle y añádelas a tu vocabulario!

3) MARCAR LAS PALABRAS

Puedes inventar tu propio sistema de marcado. ¿Quizás ya usas uno? También puedes, por ejemplo, marcar las palabras difíciles de encontrar con una cruz, las que te gustan con una estrella, las nuevas con un triángulo, las raras con un diamante, etc.

4) ESTRUCTURAR EL APRENDIZAJE

Esta edición ofrece un **CUADERNO DE NOTAS** muy práctico al final del libro. En vacaciones, de viaje o en casa, podrás organizar fácilmente tus nuevos conocimientos sin necesidad de un segundo cuaderno!

5) ¿HABÉIS TERMINADO TODAS LAS PARRILLAS?

En las últimas páginas de este libro, en la sección **DESAFÍO FINAL**, encontrarás un juego gratis!

¡Rápido y sencillo! Echa un vistazo a nuestra colección de libros de actividades para tu próximo momento de diversión y aprendizaje, ¡a sólo un clic de distancia!

Encuentre su próximo reto en:

BestActivityBooks.com/MiProximoLibro

En sus marcas, listos, ¡Ya!

¿Sabías que hay unas 7.000 lenguas diferentes en el mundo? Las palabras son preciosas.

Nos encantan los idiomas y hemos trabajado duro para crear libros de la más alta calidad para tí. ¿Nuestros ingredientes?

Una selección de temas adecuados para el aprendizaje, tres buenas porciones de entretenimiento, y luego añadimos una cucharada de palabras difíciles y una pizca de palabras raras. Los servimos con cariño y máxima diversión para que puedas resolver los mejores juegos de palabras y te diviertas aprendiendo!

Tu opinión es esencial. Puedes participar activamente en el éxito de este libro dejándonos un comentario. Nos encantaría saber qué es lo que más le ha gustado de esta edición.

Aquí hay un enlace rápido a tu página de pedidos:

BestBooksActivity.com/Opiniones50

Gracias por tu ayuda y diviértete!

Todo el equipo

1 - Ajedrez

```
W  C  J  P  Y  B  J  S  V  A  R  T  X  M
Y  M  V  Z  A  V  R  P  K  C  K  I  S  Ä
P  O  Ä  N  G  S  G  E  R  D  U  S  T  S
D  T  J  U  Z  H  S  L  O  E  N  P  R  T
R  S  D  W  B  T  K  I  R  E  G  E  A  A
O  T  Ä  V  L  I  N  G  V  I  T  L  T  R
T  Å  O  F  F  R  A  T  R  X  L  A  E  E
T  N  K  X  W  K  W  U  I  O  Z  R  G  R
N  D  I  A  G  O  N  A  L  D  M  E  I  A
I  A  T  U  R  N  E  R  I  N  G  B  J  W
N  R  C  B  R  J  X  R  O  X  J  A  V  B
G  E  O  V  F  L  G  B  J  T  H  G  V  M
K  R  B  Z  Y  L  R  K  O  W  R  G  F  B
P  W  K  U  P  X  O  N  E  L  V  C  X  P
```

VIT	PASSIV
MÄSTARE	POÄNG
TÄVLING	REGLER
DIAGONAL	DROTTNING
STRATEGI	KUNG
SPEL	OFFRA
SPELARE	TID
SVART	TURNERING
MOTSTÅNDARE	

2 - Agua

```
C  P  C  X  F  U  K  T  I  G  H  E  T  D
A  Ö  U  R  L  O  R  P  G  A  A  E  N  U
B  V  Å  G  O  R  G  Y  G  R  V  N  G  S
E  E  D  I  D  K  Y  R  W  E  G  U  Y  C
V  R  Å  U  D  A  Y  S  Y  K  J  I  C  H
A  S  N  E  N  N  K  S  N  Ö  Y  S  I  R
T  V  G  J  H  S  U  J  C  V  T  H  E  J
T  Ä  A  D  N  A  T  Ö  F  R  O  S  T  R
N  M  O  N  S  U  N  N  V  E  T  G  M  K
I  N  T  X  F  U  K  T  I  G  I  K  U  H
N  I  P  M  Z  X  S  C  M  N  O  A  W  M
G  N  D  R  I  C  K  B  A  R  G  N  H  O
A  G  F  Z  P  I  L  C  X  Z  T  A  N  V
X  G  O  F  U  V  S  T  E  J  M  L  Z  N
```

KANAL   SJÖ
DUSCH   REGN
AVDUNSTNING   MONSUN
GEJSER   SNÖ
FROST   HAV
IS   VÅGOR
FUKTIGHET   DRICKBAR
ORKAN   BEVATTNING
FUKTIG   FLOD
ÖVERSVÄMNING   ÅNGA

3 - Granja #2

```
W D P Z L D T L M A J S F H
L J I F A K B J B N D T R E
P U Z Å M H O S H K B R U R
V R M R M U N R W A I A K D
P E A J V Z D H N P K K T E
U X T G Ö N E Ä N G U T T K
C R A E S L M A A A P O R B
J A F F R U K T W Y A R Ä Y
L A D A G R Ö N S A K C D F
L P V B E V A T T N I N G L
U H D Y V N D H W I B B Å A
M F Y C L Z A Z H D O T R M
W B V A F T E V T V E J D A
Z I G Y H H K S A P P N W L
```

BONDE
DJUR
KORN
BIKUPA
MAT
LAMM
FRUKT
LADA
FRUKTTRÄDGÅRD
MJÖLK

LAMA
MAJS
FÅR
HERDE
ANKA
ÄNG
BEVATTNING
TRAKTOR
VETE
GRÖNSAK

4 - Mueble

```
X  H  B  Ä  N  K  T  X  L  F  B  W  W  V
L  O  F  O  W  H  F  H  T  J  V  R  O  H
A  O  Å  G  K  U  D  D  E  G  M  D  T  J
M  A  T  T  A  H  A  I  S  B  A  X  S  M
P  P  Ö  Y  Y  R  Y  K  T  Y  D  C  K  O
A  X  L  M  I  S  D  L  O  R  R  L  R  J
C  A  J  K  K  Ä  I  I  L  Å  A  S  I  X
Z  A  K  S  M  N  L  Z  N  A  S  O  V  X
K  T  S  P  E  G  E  L  K  E  S  F  B  D
J  U  Z  F  D  H  Y  L  L  O  R  F  O  F
I  B  D  H  Ä  N  G  M  A  T  T  A  R  U
U  X  T  D  G  N  B  C  R  A  O  K  D  T
C  O  N  H  A  W  X  K  I  U  B  K  C  O
Z  V  V  B  M  R  D  E  K  V  T  M  E  N
```

MATTA	SPEGEL
KUDDE	BOKHYLLA
BÄNK	HYLLOR
SÄNG	FUTON
KUDDAR	HÄNGMATTA
MADRASS	LAMPA
GARDINER	STOL
BYRÅ	FÅTÖLJ
SKRIVBORD	SOFFA

5 - Pesca

```
F  B  E  T  E  S  J  S  T  V  G  U  G  D
B  L  H  Y  T  J  T  Ä  Å  I  O  T  Ä  V
A  I  O  Z  Y  Ö  S  S  L  K  V  R  L  P
Y  A  P  D  K  J  H  O  A  T  C  U  A  R
F  E  N  O  R  Ä  N  N  M  V  F  S  R  H
V  H  B  K  O  C  K  G  O  K  L  T  Y  Y
T  R  Å  D  K  B  T  E  D  N  Z  N  Y  B
L  Y  V  O  O  S  T  R  A  N  D  I  T  D
V  A  T  T  E  N  J  J  A  R  G  N  R  G
C  V  K  P  M  M  S  Z  M  R  W  G  H  H
K  W  B  X  T  W  W  I  L  T  F  K  A  B
F  T  K  Å  J  G  H  C  F  E  R  L  V  D
A  K  L  F  T  T  J  F  B  O  M  K  D  Y
Ö  V  E  R  D  R  I  F  T  K  O  R  G  L
```

VATTEN	KROK
FENOR	SJÖ
BÅT	KÄKE
GÄLAR	HAV
TRÅD	TÅLAMOD
BETE	VIKT
KORG	STRAND
KOCK	FLOD
UTRUSTNING	SÄSONG
ÖVERDRIFT	

6 - Aviones

```
N P R I K T N I N G T P K U
L A N D N I N G E R A R O A
H S V P Ä V E N T Y R O N T
B S Z I B A L L O N G P S M
E A V L G L I T F M G E T O
S G Ä O R E U M W O G L R S
Ä E T T K P R F N T I L U F
T R E O C P R A T O I E K Ä
T A L V I E Y H U R Y R T R
N R I H I N H I S T O R I A
I E F H Ö J S M U H T K O V
N I J R U J O M F G S N N R
G I I J N K D E D E S I G N
B R Ä N S L E L O U N J E M
```

LUFT
HÖJD
LANDNING
ATMOSFÄR
ÄVENTYR
HIMMEL
BRÄNSLE
KONSTRUKTION
RIKTNING
DESIGN

BALLONG
PROPELLER
VÄTE
HISTORIA
MOTOR
NAVIGERA
PASSAGERARE
PILOT
BESÄTTNING

7 - Tipos de Cabello

```
K  D  H  F  S  V  A  R  T  Y  M  L  S  F
F  O  B  L  K  Å  I  E  U  U  P  O  K  L
R  R  R  Ä  L  G  B  T  N  V  V  C  A  Ä
I  U  K  T  E  I  L  R  N  H  W  K  L  T
S  O  A  A  F  G  M  J  U  K  R  A  L  O
K  B  W  D  T  O  R  R  O  N  D  R  I  R
A  L  Å  N  G  M  U  H  Y  D  L  T  G  G
B  T  L  P  S  B  I  P  B  W  O  T  N  F
L  W  F  F  I  Z  E  K  C  V  C  J  Y  V
O  I  Z  K  L  E  P  Z  H  Y  K  O  W  U
N  S  T  K  V  O  B  N  Y  Z  I  C  P  F
D  T  A  E  E  U  J  P  V  F  G  K  T  O
G  R  Å  C  R  B  L  Y  M  V  T  F  T  N
E  X  O  A  S  S  K  I  N  A  N  D  E  K
```

VIT	VÅGIG
SKINANDE	SILVER
SKALLIG	LOCKIGT
KORT	LOCKAR
TUNN	BLOND
GRÅ	FRISKA
TJOCK	TORR
LÅNG	MJUK
BRUN	FLÄTAD
SVART	FLÄTOR

8 - Herramientas de Cocina

```
X  S  T  E  R  M  O  M  E  T  E  R  F  B
W  P  I  B  S  P  A  T  E  L  C  N  B  R
I  V  Z  L  O  C  K  Y  L  S  K  Å  P  Ö
F  W  O  A  N  O  N  R  J  M  S  A  X  D
U  X  L  N  C  W  I  S  S  K  E  D  W  R
K  S  B  D  U  S  V  N  V  G  J  X  R  O
R  K  E  A  S  G  O  M  J  Z  H  S  U  S
V  G  S  R  T  P  N  G  A  F  F  E  L  T
C  H  P  E  J  U  I  C  E  P  R  E  S  S
R  I  V  J  Ä  R  N  S  K  I  N  S  L  N
V  A  T  T  E  N  K  O  K  A  R  E  N  V
U  A  D  O  O  V  E  Y  Y  P  G  H  H  H
T  B  O  N  O  O  F  W  S  M  Y  X  P  F
H  X  U  L  B  E  S  T  I  C  K  X  F  R
```

BLANDARE
VATTENKOKARE
SIL
BESTICK
SKED
KNIV
SPATEL
SPIS
JUICEPRESS

UGN
RIVJÄRN
KYLSKÅP
LOCK
GAFFEL
TERMOMETER
SAX
BRÖDROST

9 - Ciencia Ficción

```
C  T  E  K  N  I  K  R  Z  C  B  S  R  C
N  B  L  H  T  R  O  G  E  N  Ö  A  E  V
G  A  L  A  X  M  N  I  R  N  C  P  A  V
A  Z  O  B  I  O  P  F  O  F  K  L  L  J
U  X  J  R  M  P  Z  G  B  A  E  R  I  E
T  Z  C  E  A  L  C  G  O  N  R  E  S  M
O  J  H  L  G  K  E  I  T  T  E  X  T  Y
P  E  E  D  I  S  E  L  A  A  X  P  I  S
I  P  L  A  N  E  T  L  R  S  T  L  S  T
K  X  U  U  Ä  V  E  U  R  T  R  O  K  I
P  W  L  W  R  N  G  S  L  I  E  S  M  S
V  Ä  R  L  D  U  E  I  G  S  M  I  X  K
Y  G  M  E  M  T  Y  O  F  K  T  O  J  L
A  V  L  Ä  G  S  E  N  U  W  U  N  J  O
```

ATOM	IMAGINÄR
BIO	BÖCKER
AVLÄGSEN	MYSTISK
EXPLOSION	VÄRLD
EXTREM	ORAKEL
FANTASTISK	PLANET
ELD	REALISTISK
TROGEN	ROBOTAR
GALAX	TEKNIK
ILLUSION	UTOPI

10 - Juguetes

```
Z  R  U  F  Ä  R  G  F  T  Å  G  X  G  C
D  H  V  L  G  J  V  L  R  O  B  O  T  Y
P  R  Z  Y  L  E  F  W  U  X  O  T  B  K
B  M  G  G  D  S  O  C  M  G  L  C  Ö  E
B  Å  T  P  O  R  W  H  M  R  L  H  C  L
L  F  C  L  C  F  A  V  O  R  I  T  K  Z
K  A  K  A  K  H  H  K  R  E  C  S  E  Y
H  C  S  N  A  X  A  G  E  U  P  C  R  F
B  I  L  T  X  Z  K  N  T  S  U  H  F  A
S  P  E  L  B  A  U  J  T  H  S  A  V  N
L  E  R  A  C  I  L  M  K  V  S  C  Y  T
R  E  J  I  B  E  L  W  S  I  E  K  T  A
J  F  E  E  A  S  V  Z  N  H  L  R  E  S
X  Z  X  H  O  H  G  X  O  X  Y  V  K  I
```

SCHACK	FAVORIT
LERA	FANTASI
HANTVERK	SPEL
FLYGPLAN	BÖCKER
BÅT	DOCKA
CYKEL	FÄRG
BOLL	ROBOT
LASTBIL	PUSSEL
BIL	TRUMMOR
DRAKE	TÅG

11 - Circo

```
W I N T K L E Z C G A X S K
A T K Ä O U F U Y O K Y K H
J A H L S R H M B D R I A L
T O U T T A X P G I O A P A
R P N G Y U E P R S B F V R
O A D G M A G I D H A D O W
L R E L L Å I M M X T S K I
L A R E W Ö S D J U R L P C
K D H J A D R K V I S A B L
A R Å O E E C G Å H I I L E
R Y L N C L O W N D B V K V
L B L T I G E R G D A W R J
D V A E L E F A N T N R M R
B A L L O N G E R S J P E O
```

AKROBAT
DJUR
GODIS
TÄLT
PARAD
ELEFANT
UNDERHÅLLA
ÅSKÅDARE
BALLONGER
LEJON

MAGI
TROLLKARL
JONGLÖR
APA
VISA
MUSIK
CLOWN
TIGER
KOSTYM
LURA

12 - Granja #1

```
U L B K R Å K A N Å K A T T
I N A I O P E H S S J T K Z
B H O N U N G Ä T N A W Y A
C I I O D W Ö S A A M H C G
K A L V X P D T K M X Ö K E
W L S E A J S L E T F Ä L T
W O N D V A E U T D A R I S
D D I O T E L V I B X I N F
Z E Y H D V B O A H B N G C
V A T T E N S K V U L B W T
F R Ö N W G C P U N I K X G
N T P X H H J O R D B R U K
A D R A L X T O A U V X V K
A D G J J V V B Y T N R M M
```

BI	KATT
JORDBRUK	HÖ
VATTEN	HONUNG
RIS	HUND
ÅSNA	KYCKLING
HÄST	FRÖN
GET	KALV
FÄLT	LAND
KRÅKA	KO
GÖDSEL	STAKET

13 - Camping

```
Z  A  A  W  B  T  Y  U  E  N  X  I  U  W
G  U  H  E  W  S  R  Z  D  R  A  V  H  Z
H  Ä  N  G  M  A  T  T  A  T  B  T  K  I
S  U  D  R  N  Ä  R  Z  J  O  E  T  U  D
K  T  J  E  S  V  L  Y  K  A  R  T  A  R
O  R  U  P  K  E  I  Y  M  V  G  R  O  P
G  U  R  G  W  N  O  J  K  V  C  Ä  P  L
L  S  G  H  A  T  T  D  O  T  I  D  G  D
X  T  H  J  W  Y  U  B  M  U  A  G  M  E
K  N  V  M  M  R  Z  S  P  M  Z  R  Å  V
O  I  J  I  E  B  E  J  A  K  T  Z  N  U
O  N  J  O  D  V  L  Ö  S  E  L  D  E  B
W  G  I  N  S  E  K  T  S  J  G  M  V  R
R  Z  Y  O  K  A  N  O  T  J  D  X  W  G
```

DJUR	ELD
ÄVENTYR	HÄNGMATTA
TRÄD	INSEKT
SKOG	SJÖ
KOMPASS	LYKTA
STUGA	MÅNE
KANOT	KARTA
JAKT	BERG
REP	NATUR
UTRUSTNING	HATT

14 - Fruta

```
K  K  I  W  I  T  P  C  T  E  M  H  D  L
Ö  O  P  E  R  S  I  K  A  O  E  A  R  G
R  N  K  W  T  Z  R  F  P  V  L  L  U  L
S  H  U  O  X  P  T  O  S  O  O  L  V  J
B  Ä  R  T  S  G  U  A  V  A  N  O  A  X
Ä  D  X  B  B  C  I  A  Ä  U  L  N  D  G
R  X  C  S  K  M  A  Y  U  P  Ä  R  O  N
M  A  N  G  O  Z  O  G  O  A  P  G  R  E
P  P  N  U  W  B  D  B  M  P  R  L  S  K
Z  E  Y  A  H  A  V  O  K  A  D  O  E  T
C  L  G  B  N  N  P  F  D  Y  H  I  T  A
Z  S  S  J  K  A  H  D  X  A  Y  V  K  R
C  I  T  R  O  N  S  T  T  C  E  Y  M  I
A  N  A  P  R  I  K  O  S  C  W  E  Z  N
```

AVOKADO	ÄPPLE
APRIKOS	PERSIKA
BÄR	MELON
KÖRSBÄR	APELSIN
KOKOS	NEKTARIN
HALLON	PAPAYA
GUAVA	PÄRON
KIWI	ANANAS
CITRON	BANAN
MANGO	DRUVA

15 - Geología

```
S  T  A  L  A  K  T  I  T  E  K  J  N  O
S  T  A  L  A  G  M  I  T  E  R  O  P  C
J  S  U  X  P  E  J  X  A  L  I  R  H  K
M  A  K  T  R  J  Z  J  Z  A  S  D  S  A
P  L  A  T  Å  S  N  R  N  G  T  B  Y  L
M  T  A  K  G  E  X  S  M  E  A  Ä  R  C
U  I  B  S  R  R  J  C  H  R  L  V  A  I
K  O  N  T  I  N  E  N  T  V  L  N  E  U
M  F  E  E  G  K  K  O  G  U  E  I  R  M
L  O  M  N  R  V  E  O  C  L  R  N  O  A
A  S  T  U  O  A  O  Y  R  K  L  G  S  J
V  S  J  O  T  R  L  L  O  A  D  R  I  O
A  I  W  O  T  T  C  E  U  N  L  X  O  E
D  L  D  K  A  S  G  C  R  E  O  L  N  O
```

SYRA	STALAGMITER
KALCIUM	FOSSIL
LAGER	GEJSER
GROTTA	LAVA
KONTINENT	PLATÅ
KORALL	MINERALER
KRISTALLER	STEN
KVARTS	SALT
EROSION	JORDBÄVNING
STALAKTIT	VULKAN

16 - Plantas

```
K  Y  K  S  M  O  S  S  A  V  G  A  V  P
H  P  A  K  A  U  R  A  O  O  N  Y  E  A
T  Z  X  O  C  P  R  O  R  N  H  N  G  L
E  G  B  G  R  Ä  S  G  T  P  P  F  E  Y
P  B  U  S  K  E  T  B  R  M  H  J  T  F
K  A  K  T  U  S  O  R  V  Ö  B  Y  A  N
G  M  F  L  O  R  A  G  Ä  R  N  P  T  P
Ö  B  B  Ö  N  A  U  J  U  D  F  A  I  R
D  U  K  R  O  N  B  L  A  D  G  M  O  J
S  T  G  B  L  O  M  M  A  L  B  Å  N  A
E  R  P  L  Ö  V  V  E  R  K  T  K  R  L
L  Ä  L  A  B  O  T  A  N  I  K  B  G  D
X  D  R  D  Ä  L  S  D  P  M  K  T  L  S
A  K  Y  M  R  Y  S  W  D  B  V  F  S  C
```

BUSKE	LÖVVERK
TRÄD	BÖNA
BAMBU	MURGRÖNA
BÄR	GRÄS
SKOG	BLAD
BOTANIK	TRÄDGÅRD
KAKTUS	MOSSA
GÖDSEL	KRONBLAD
BLOMMA	ROT
FLORA	VEGETATION

17 - Suministros de Arte

```
P  L  F  T  R  I  X  R  O  I  S  R  F  B
S  Y  O  Z  F  I  A  K  F  L  G  M  Ä  O
T  A  B  E  L  L  D  R  Ä  S  J  T  R  R
A  R  R  S  I  D  É  E  R  U  J  A  G  S
F  V  Ä  A  U  S  A  A  G  D  C  E  E  T
F  F  K  K  M  J  K  T  P  D  F  S  R  A
L  V  A  R  O  M  V  I  K  G  X  A  A  R
I  J  M  Y  Y  L  A  V  H  U  S  T  O  L
X  J  E  L  W  I  R  I  A  M  Z  V  N  F
L  C  R  B  H  M  E  T  Y  M  K  A  X  Y
L  D  A  S  C  H  L  E  M  I  B  T  D  I
L  E  R  A  N  R  L  T  U  W  S  T  C  D
B  L  Ä  C  K  P  E  N  N  O  R  E  P  D
T  P  A  P  P  E  R  Y  R  X  S  N  P  U
```

OLJA	FÄRGER
AKRYL	KREATIVITET
AKVARELLER	IDÉER
VATTEN	PENNOR
LERA	TABELL
SUDDGUMMI	PAPPER
STAFFLI	LIM
TRÄKOL	FÄRG
KAMERA	STOL
BORSTAR	BLÄCK

18 - Jardín

```
R  B  U  Y  S  L  A  N  G  F  O  L  F  X
D  Ä  M  E  V  K  V  V  E  N  T  X  R  T
G  A  F  B  E  X  Y  U  F  C  K  J  U  R
R  H  M  S  R  V  K  F  I  J  T  O  K  Ä
Ä  Ä  L  M  A  N  O  W  F  W  W  R  T  D
S  N  X  W  N  L  Y  R  T  E  Z  D  T  R
M  G  H  F  D  D  F  K  R  H  L  T  R  A
A  M  N  O  A  T  F  J  A  Z  G  R  Ä  S
T  A  B  L  O  M  M  A  M  B  A  Ä  D  T
T  T  E  R  R  A  S  S  P  U  R  D  G  A
A  T  O  G  R  Ä  S  V  O  S  A  G  Å  K
Z  A  B  Ä  N  K  H  H  L  K  G  Å  R  E
J  O  Y  L  W  H  D  C  I  E  E  R  D  T
V  E  N  G  G  W  C  Y  N  N  I  D  F  D
```

BUSKE	TRÄDGÅRD
TRÄD	OGRÄS
BÄNK	SLANG
GRÄSMATTA	SKYFFEL
DAMM	VERANDA
BLOMMA	RÄFSA
GARAGE	JORD
HÄNGMATTA	TERRASS
GRÄS	TRAMPOLIN
FRUKTTRÄDGÅRD	STAKET

19 - Países #2

```
P O R T U G A L Ö H M X G A
I R L A N D R N S O J Z I L
S U K R A I N A T U X L M B
I N D O N E S I E N D P K A
K X K E L A O S R M S A T N
G J O Y T U N P R E Y K N I
J A P A N I R T I X R I G E
Y M J X H N O W K I I S R N
A A J Y L M W P E C E T E U
H I H H C O X P I O N A K G
A C D A N M A R K E H N L A
H A U S T R A L I E N V A N
R Y S S L A N D K U T C N D
F R A N K R I K E H F H D A
```

ALBANIEN
AUSTRALIEN
ÖSTERRIKE
DANMARK
ETIOPIEN
FRANKRIKE
GREKLAND
INDONESIEN
IRLAND
JAMAICA

JAPAN
LAOS
MEXICO
PAKISTAN
PORTUGAL
RYSSLAND
SYRIEN
SUDAN
UKRAINA
UGANDA

20 - Tecnología

```
P  M  S  D  U  K  C  R  F  I  L  D  D  P
S  Ä  K  E  R  H  E  T  V  N  K  A  I  R
M  C  J  W  T  E  X  G  I  T  P  T  G  O
S  E  S  Z  E  V  F  S  R  E  T  O  I  G
P  G  D  F  C  B  R  C  U  R  P  R  T  R
J  K  A  D  K  L  C  F  S  N  K  R  A  A
K  A  T  B  E  M  J  U  T  E  F  J  L  M
A  B  A  L  N  L  O  H  Z  T  N  S  S  V
M  Y  A  O  S  T  A  T  I  S  T  I  K  A
E  T  D  G  N  X  N  U  I  O  V  Ä  R
R  E  C  G  I  I  E  N  D  O  E  B  R  A
A  V  I  R  T  U  E  L  L  E  H  L  M  M
W  E  N  Y  T  F  O  R  S  K  N  I  N  G
D  M  E  P  H  M  A  R  K  Ö  R  Z  P  D
```

FIL
BLOGG
BYTE
KAMERA
MARKÖR
DATA
DIGITAL
STATISTIK
TECKENSNITT

INTERNET
FORSKNING
MEDDELANDE
DATOR
SKÄRM
SÄKERHET
PROGRAMVARA
VIRTUELL
VIRUS

21 - Números

```
E  G  C  B  C  X  X  F  M  T  R  E  A  N
S  J  L  O  N  I  O  B  J  I  Z  O  R  I
J  E  J  Y  O  F  E  M  T  O  N  N  T  T
U  O  X  U  L  Y  T  U  D  H  R  Z  O  T
T  V  Å  T  L  R  Z  M  E  D  O  T  N  O
T  J  U  G  O  A  A  T  R  E  T  T  O  N
O  Å  X  T  W  N  J  I  H  C  S  F  H  N
N  T  T  O  H  O  X  G  J  I  F  W  W  D
R  T  O  L  V  W  C  T  S  M  D  E  O  L
Y  A  M  V  J  Z  F  K  M  A  Y  B  M  A
S  S  R  E  T  N  C  C  A  L  C  N  O  D
W  E  G  U  G  S  S  J  U  A  S  X  I  S
B  X  Y  B  E  N  D  I  O  I  X  C  Z  Z
A  S  T  S  A  U  D  M  G  Y  N  P  M  T
```

FJORTON	TOLV
NOLL	TVÅ
FEM	NIO
FYRA	ÅTTA
DECIMAL	FEMTON
NITTON	SEX
ARTON	SJU
SEXTON	TRETTON
SJUTTON	TRE
TIO	TJUGO

22 - Mitología

```
P O C K V V B A K E Å S K A
B D D A F H B L R T E V U H
E Ö Ö T R O I A I K V A L Ä
T D D A X L P H K X E R A M
E L L S K J O I R S T T B N
E I I T U W H M I K X S Y D
N G G R L P J M G A F J R P
D H E O T C Ä E A P X U I F
E E M F U S L L R A G K N M
U T R M R B T T E N D A T C
V A R E L S E Y T D R J X W
M O N S T E R V R E U L J E
L E G E N D S U C K B B Z C
H Z D W U N W V M O A G N X
```

ARKETYP
SVARTSJUKA
HIMMEL
BETEENDE
SKAPANDE
TRO
VARELSE
KULTUR
KATASTROF
STYRKA

KRIGARE
HJÄLTE
ODÖDLIGHET
LABYRINT
LEGEND
MONSTER
DÖDLIG
BLIXT
ÅSKA
HÄMND

23 - Ecología

```
Ö V E R L E V N A D G L N F
L D X R W B M A B H V D R X
N I K W P J M T E Å E D A C
A S V R D J B U W L G J T J
T A Ä S V K Ä R R L E M K J
U M X G M Ä N G D B T A R T
R H T L E I F X K A A R K O
L Ä E O D V L B M R T I L R
I L R B E S O J T C I N I K
G L B A L L R O Ö R O K M A
P E N L U F A U N A N O A T
T N M Å N G F A L D K W T G
F R I V I L L I G A N Y K U
V H E F D H H B W W U L R B
```

KLIMAT
SAMHÄLLEN
MÅNGFALD
ART
FAUNA
FLORA
GLOBAL
LIVSMILJÖ
MARIN
NATURLIG

NATUR
KÄRR
VÄXTER
MEDEL
TORKA
HÅLLBAR
ÖVERLEVNAD
MÄNGD
VEGETATION
FRIVILLIGA

24 - Herramientas

```
R  K  V  H  P  B  W  R  K  L  U  B  B  A
A  N  I  F  Ä  H  F  E  V  I  F  C  V  T
K  I  T  J  X  F  S  P  Y  M  O  L  V  G
K  V  X  D  Y  C  T  Å  N  G  V  I  X  G
N  S  A  X  P  M  W  A  M  V  N  N  B  R
I  K  Y  F  E  Z  V  K  P  E  I  J  H  O
V  Y  H  A  M  M  A  R  E  P  J  A  J  K
J  F  O  C  T  I  B  S  K  O  A  L  U  K
T  F  P  K  S  T  E  G  E  A  U  R  L  U
J  E  W  L  S  K  R  U  V  O  B  T  A  M
X  L  F  A  W  W  J  N  C  Z  P  E  Z  T
F  I  V  B  Y  J  I  E  R  K  M  E  L  S
G  H  T  M  X  N  L  K  H  W  N  Z  Z  C
I  O  K  A  A  N  U  V  P  F  V  Z  Y  F
```

TÅNG	KLUBBA
FACKLA	RAKKNIV
KABEL	SKYFFEL
KNIV	LIM
REP	LINJAL
STEGE	HJUL
HÄFTAPPARAT	SAX
YXA	SKRUV
HAMMARE	

25 - Casa

```
K V A S T V Ä G G P G R V V
F Ä E Z M V G U F E M B G Z
Ö M L T T S W K V D E G Z K
N I V L P O P I R D U S C H
S N V Y A V V C S A D R M S
T G X O B R F B U T N G R K
E Y N R W U E T V Y C O J O
R C I U T M X T M G B L K R
V I N D Ö R R E K A S V Ö S
B I B L I O T E K R T A K T
G D I L A M P A P A A T O E
F U D P J D O E C G K A A N
S P E G E L B G Z E E L G K
T R Ä D G Å R D J M T A U M
```

MATTA	KRAN
VIND	TRÄDGÅRD
BIBLIOTEK	LAMPA
SKORSTEN	VÄGG
KÖK	GOLV
SOVRUM	DÖRR
DUSCH	KÄLLARE
KVAST	TAK
SPEGEL	STAKET
GARAGE	FÖNSTER

26 - Artes Visuales

```
S  P  O  R  T  R  Ä  T  T  K  L  S  F  K
T  E  M  Ä  S  T  E  R  V  E  R  K  O  R
A  R  K  I  T  E  K  T  U  R  D  E  T  E
F  S  L  K  R  I  T  A  S  A  I  O  O  A
F  P  K  A  M  E  G  H  T  M  C  Y  G  T
L  E  V  U  C  Å  T  C  E  I  V  O  R  I
I  K  B  Y  L  K  L  K  N  K  O  G  A  V
W  T  O  X  S  P  C  N  C  X  M  O  F  I
W  I  R  S  H  A  T  C  I  L  T  L  I  T
P  V  A  X  A  U  R  U  L  N  V  E  D  E
E  B  W  P  J  V  Ä  Z  R  A  G  R  K  T
N  U  W  D  S  P  K  E  B  U  B  A  F  X
N  Z  Y  L  D  K  O  N  S  T  N  Ä  R  U
A  M  B  K  W  H  L  B  L  F  I  L  M  K
```

LERA
ARKITEKTUR
KONSTNÄR
LACK
STAFFLI
TRÄKOL
VAX
KERAMIK
KREATIVITET
SKULPTUR

FOTOGRAFI
PENNA
MÄSTERVERK
FILM
PERSPEKTIV
MÅLNING
STENCIL
PORTRÄTT
KRITA

27 - Escuela #2

```
S  A  L  Z  D  L  H  Z  N  U  K  Y  P  A
F  P  X  R  A  Ä  K  K  K  N  A  R  A  K
M  G  E  V  T  S  K  L  R  J  L  K  P  A
T  J  I  L  O  N  W  Ä  Y  E  E  T  P  D
I  B  O  Ä  R  I  X  D  G  I  N  O  E  E
L  U  K  R  F  N  F  E  G  P  D  K  R  M
L  S  B  A  M  G  V  R  S  H  E  E  Y  I
B  S  O  R  D  B  O  K  Ä  I  R  N  Y  S
E  Ö  Y  E  H  M  Z  U  C  A  N  R  N  K
H  R  C  V  I  W  Y  C  K  H  Z  C  X  A
Ö  F  W  K  L  I  T  T  E  R  A  T  U  R
R  J  X  U  E  B  I  B  L  I  O  T  E  K
U  G  W  B  G  R  A  M  M  A  T  I  K  V
U  T  B  I  L  D  N  I  N  G  T  Y  Z  I
```

AKADEMISK	LÄSNING
BUSS	BÖCKER
BIBLIOTEK	LITTERATUR
KALENDER	RYGGSÄCK
ORDBOK	DATOR
UTBILDNING	PAPPER
GRAMMATIK	LÄRARE
SPEL	KLÄDER
PENNA	TILLBEHÖR

28 - Selva Tropical

```
G T T V L I N T G D V W L R
O Y O N X N A P E B U M M E
E H X X I S T H M O L N C S
K U F Y A E U Z E O Z P J T
D L U U B K R W N T S R C A
J F I K O T R D S I B S H U
U Å T M T E E Ä K L E C A R
N G X K A R S G A L V Y M E
G L M Y N T P G P F A A F R
E A G T I L E D E L R R I I
L R L B S Z K J E Y A T B N
E A V X K J T U S K N T I G
I N H E M S K R L T D X E W
Ö V E R L E V N A D E G R F
```

AMFIBIER
BOTANISK
KLIMAT
GEMENSKAP
ART
INHEMSK
INSEKTER
DÄGGDJUR
MOSSA

NATUR
MOLN
FÅGLAR
BEVARANDE
TILLFLYKT
RESPEKT
RESTAURERING
DJUNGEL
ÖVERLEVNAD

29 - Colores

```
G  G  U  L  S  G  N  P  C  F  K  J  B  I
G  R  Å  I  N  D  I  G  O  U  O  M  L  E
R  Ö  D  L  F  S  Z  M  S  C  N  B  Z  K
Ö  C  Y  A  N  B  L  O  C  H  H  N  X  S
N  D  O  D  A  Y  E  Y  M  S  G  V  S  M
B  R  U  N  Z  P  E  Z  P  I  J  O  K  A
V  L  M  T  B  Z  E  B  B  A  R  D  B  G
J  S  Å  A  D  P  U  L  S  C  D  T  P  E
S  S  E  P  I  A  N  B  S  L  Y  N  O  N
J  V  V  I  O  L  E  T  T  I  J  B  T  T
N  I  A  Y  W  E  M  T  O  X  N  E  S  A
T  T  X  R  O  S  A  R  B  V  D  I  U  V
A  F  G  N  T  T  V  B  J  U  F  G  R  U
S  Y  Z  J  G  P  X  F  O  E  C  E  K  B
```

GUL	BRUN
BLÅ	APELSIN
BEIGE	SVART
VIT	LILA
CYAN	RÖD
FUCHSIA	ROSA
GRÅ	SEPIA
INDIGO	GRÖN
MAGENTA	VIOLETT

30 - Adjetivos #1

```
B A A F P V Ä R D E F U L L
J B L D E N O R M Ö R K D Y
S S L E R E K X B C O U R W
Y O V U F V Y K A C P S N V
T L A G E A K T I V L T A G
J U R G K A N E M F Å O R A
X T L I T M A L O T N R O M
G V I O S K Y L D I G T M B
L E G X G W Z Ä E H S U A I
J D N P L B L H R F A N T T
U G W E R B N N L M G I I
S A T T R A K T I V I N S Ö
G R U U V Ö B F T N L G K S
I W C B A A S V I K T I G F
```

ABSOLUT	VIKTIG
AKTIV	OSKYLDIG
AMBITIÖS	UNG
AROMATISK	LÅNGSAM
ATTRAKTIV	MODERN
LJUS	MÖRK
ENORM	PERFEKT
GENERÖS	TUNG
STOR	ALLVARLIG
ÄRLIG	VÄRDEFULL

31 - Familia

```
F  A  R  B  R  O  R  F  W  D  I  L  B  S
M  A  X  B  M  C  W  A  G  E  D  A  M  Y
Z  O  P  S  A  B  A  R  N  D  O  M  I  S
O  F  R  O  K  R  D  F  C  G  T  O  C  K
E  K  F  M  E  T  N  A  U  O  T  R  R  O
H  E  O  P  G  W  C  R  Z  M  E  M  K  N
B  R  O  R  V  W  R  O  F  O  R  O  U  B
U  F  X  K  F  Ö  R  F  A  D  E  R  S  A
B  H  J  N  A  Z  C  F  D  E  Y  J  I  R
I  X  G  L  R  G  S  R  E  R  V  V  N  N
B  R  O  R  S  O  N  U  R  N  L  O  D  T
S  Y  S  T  E  R  V  A  L  S  I  I  D  B
B  A  R  N  B  A  R  N  I  F  D  O  L  R
M  O  S  T  E  R  F  V  G  D  S  F  K  G
```

MORMOR	MODERNS
FARFAR	BARNBARN
FÖRFADER	BARN
FRU	FAR
SYSTER	FADERLIG
BROR	KUSIN
DOTTER	SYSKONBARN
BARNDOM	BRORSON
MOR	MOSTER
MAKE	FARBROR

32 - Disciplinas Científicas

```
F  I  T  L  I  N  G  V  I  S  T  I  K  O
M  M  E  G  T  E  B  I  O  L  O  G  I  S
W  M  R  X  G  U  Z  O  O  L  O  G  I  Z
O  U  M  E  Z  R  O  D  L  A  G  L  F  I
C  N  O  E  M  O  Y  F  N  Y  P  N  Y  S
A  O  D  K  E  L  H  H  C  R  O  P  S  O
R  L  Y  O  K  O  A  N  A  T  O  M  I  C
K  O  N  L  A  G  N  G  U  R  D  B  O  I
E  G  A  O  N  I  P  C  M  R  O  M  L  O
O  I  M  G  I  B  O  T  A  N  I  K  O  L
L  K  I  I  K  B  I  O  K  E  M  I  G  O
O  E  K  K  A  S  T  R  O  N  O  M  I  G
G  M  G  E  O  L  O  G  I  M  U  E  W  I
I  I  M  E  T  E  O  R  O  L  O  G  I  O
```

ANATOMI
ARKEOLOGI
ASTRONOMI
BIOLOGI
BIOKEMI
BOTANIK
EKOLOGI
FYSIOLOGI
GEOLOGI

IMMUNOLOGI
LINGVISTIK
MEKANIK
METEOROLOGI
NEUROLOGI
KEMI
SOCIOLOGI
TERMODYNAMIK
ZOOLOGI

33 - Gatos

```
L  I  T  E  N  N  Y  F  I  K  E  N  V  K
T  E  P  A  S  C  O  X  M  R  K  I  Z  L
G  D  K  A  U  O  H  S  P  U  L  A  V  O
X  S  P  F  X  V  O  J  E  M  S  W  E  G
Z  E  I  Z  U  I  Z  Ä  R  W  F  X  G  G
B  K  P  R  O  L  I  G  S  V  A  N  S  A
D  Y  N  F  B  D  L  A  O  K  P  O  X  L
T  A  S  S  E  V  B  R  N  W  P  Ä  R  E
W  C  G  J  R  B  B  E  L  H  H  Y  L  N
E  L  A  E  O  J  C  F  I  T  X  I  F  S
V  W  R  W  E  U  M  B  G  Z  S  Ö  M  N
C  J  N  H  N  T  K  B  H  Z  Y  L  Z  A
B  E  Z  I  D  Z  V  I  E  T  X  L  L  B
P  G  B  A  E  K  K  U  T  B  L  Y  G  B
```

JÄGARE	GALEN
SVANS	TASS
NYFIKEN	PERSONLIGHET
SÖMN	PÄLS
KLO	LITEN
ROLIG	MUS
GARN	SNABB
OBEROENDE	VILD
LEKFULL	BLYG

34 - Cocina

```
C  J  B  U  R  K  R  Y  D  D  O  R  U  F
R  E  C  E  P  T  Y  F  R  Y  S  S  G  Ö
H  K  Y  X  G  R  I  L  L  B  J  V  N  R
Ä  T  P  I  N  N  A  R  S  V  D  A  G  K
K  N  I  V  A  R  X  A  L  K  Z  M  O  L
K  A  N  N  A  H  H  B  E  J  Å  P  B  Ä
S  E  R  V  E  T  T  N  V  B  I  P  G  D
V  A  T  T  E  N  K  O  K  A  R  E  B  E
B  J  C  Y  R  G  O  S  K  Å  L  F  X  S
J  U  W  W  B  S  P  K  K  Z  E  H  X  M
G  K  G  V  Y  W  P  Z  X  E  B  D  S  K
N  E  T  R  X  B  A  M  I  O  D  A  G  V
G  A  F  F  L  A  R  Z  A  H  D  A  A  I
L  G  H  L  S  G  M  B  X  T  B  D  R  G
```

VATTENKOKARE	KANNA
MAT	ÄTPINNAR
FRYS	GRILL
SKEDAR	RECEPT
SLEV	KYLSKÅP
KNIVAR	SERVETT
FÖRKLÄDE	BURK
KRYDDOR	KOPPAR
SVAMP	SKÅL
UGN	GAFFLAR

35 - Escuela #1

```
R  D  H  V  W  P  E  N  N  A  P  M  M  F
B  Ö  C  K  E  R  E  Y  V  E  A  A  A  P
I  E  H  V  L  M  Y  N  Ä  I  G  R  P  P
B  R  W  A  U  A  U  U  N  D  I  K  P  U
L  E  P  R  N  T  S  L  N  O  U  Ö  A  S
I  Z  S  Z  C  E  J  S  E  H  R  R  R  D
O  L  V  E  H  M  L  Ä  R  A  R  E  Y  B
T  V  A  X  P  A  R  X  L  U  M  R  L  X
E  T  R  A  A  T  S  T  O  L  M  E  P  V
K  U  S  M  P  I  A  L  F  A  B  E  T  G
N  L  J  E  P  K  W  A  R  O  L  I  G  T
I  T  C  N  E  G  S  E  T  A  L  O  C  S
R  N  S  F  R  Å  G  E  S  P  O  R  T  J
G  S  K  R  I  V  B  O  R  D  J  U  S  Z
```

ALFABET	PENNA
LUNCH	BÖCKER
VÄNNER	MARKÖRER
KLASSRUM	MATEMATIK
BIBLIOTEK	TAL
MAPPAR	PAPPER
ROLIGT	PENNOR
SKRIVBORD	LÄRARE
FRÅGESPORT	SVAR
EXAMEN	STOL

36 - Adjetivos #2

```
S  N  A  T  U  R  L  I  G  S  V  U  N  P
U  T  W  O  J  Ä  E  L  S  Z  T  J  R  X
K  P  A  R  B  T  L  U  N  P  O  O  J  I
D  R  H  R  M  L  E  F  S  A  U  L  L  J
R  O  E  F  K  I  G  X  F  H  K  O  R  T
A  D  K  A  E  G  A  L  F  R  I  S  K  A
M  U  D  N  T  U  N  S  A  L  T  I  E  T
A  K  N  S  A  I  T  I  D  O  A  M  G  T
T  T  O  V  P  I  V  K  R  Y  D  D  A  D
I  I  R  A  I  N  T  R  E  S  S  A  N  T
S  V  M  R  K  Y  O  G  Y  T  R  Ö  T  T
K  E  A  I  Ä  F  Ä  R  S  K  U  P  W  M
W  K  L  G  N  J  M  C  N  K  E  J  I  L
E  Z  W  M  D  E  S  R  H  K  F  G  V  J
```

TRÖTT	NORMAL
ÄTLIG	NY
KREATIV	STOLT
DRAMATISK	KRYDDAD
ELEGANT	PRODUKTIV
KÄND	ANSVARIG
FÄRSK	SALT
STARK	FRISKA
INTRESSANT	TORR
NATURLIG	

37 - Cuerpo Humano

```
T  U  N  G  A  A  R  M  B  Å  G  E  H  Y
B  I  Ä  G  G  P  E  W  E  W  U  T  U  H
M  C  S  J  N  H  H  O  N  B  N  K  D  X
Y  I  A  P  A  H  A  K  A  Ö  B  N  N  N
H  A  L  S  X  A  J  H  D  R  L  Ä  T  N
M  U  K  O  E  N  U  Ä  J  A  O  S  K  I
U  U  V  L  L  D  Y  N  R  Ä  D  F  F  K
N  B  K  U  B  R  O  W  W  T  R  I  S  Ö
G  L  B  O  D  B  K  O  F  W  A  N  K  G
A  Z  B  Y  S  J  P  B  O  J  E  G  A  A
S  S  X  A  N  S  I  K  T  E  S  E  G  K
M  I  X  R  Y  S  G  D  L  H  Z  R  G  K
A  X  W  P  X  S  Y  R  E  Z  I  T  M  N
J  K  J  N  A  S  K  M  D  B  G  Z  Z  H
```

HAKA	TUNGA
MUN	HAND
HUVUD	NÄSA
ANSIKTE	ÖGA
HJÄRNA	ÖRA
ARMBÅGE	HUD
HJÄRTA	BEN
HALS	KNÄ
FINGER	BLOD
AXEL	FOTLED

38 - Ciencia

```
F  D  K  E  X  P  E  R  I  M  E  N  T  F
D  M  E  P  N  R  A  I  S  C  D  F  U  O
H  O  M  F  L  U  F  R  L  U  A  C  L  R
Y  L  I  W  V  N  Y  V  T  B  T  D  N  S
H  E  S  B  Ä  C  S  F  H  I  A  R  L  K
F  K  K  A  X  H  I  H  W  L  K  I  G  A
A  Y  C  T  T  F  K  I  L  A  D  L  M  R
K  L  P  A  E  O  N  A  T  U  R  U  A  E
T  E  L  W  R  E  M  E  T  O  D  N  F  R
U  R  P  V  K  L  I  M  A  T  R  E  O  N
M  X  U  A  A  W  H  Y  P  O  T  E  S  G
M  L  I  P  O  R  G  A  N  I  S  M  S  X
L  A  B  O  R  A  T  O  R  I  U  M  I  T
M  I  N  E  R  A  L  E  R  V  U  A  L  L
```

ATOM
FORSKARE
KLIMAT
DATA
EXPERIMENT
FYSIK
FOSSIL
ALLVAR
FAKTUM
HYPOTES

LABORATORIUM
METOD
MINERALER
MOLEKYLER
NATUR
ORGANISM
PARTIKLAR
VÄXTER
KEMISK

39 - Dinosaurios

```
J  E  F  O  S  S  I  L  A  R  T  Z  R  T
Y  V  Ö  H  T  S  J  O  R  D  J  F  E  M
A  O  R  R  O  V  F  Å  G  E  L  Ö  P  H
L  L  S  O  R  A  I  E  P  P  N  R  T  B
L  U  V  V  I  N  G  A  R  V  T  H  I  Y
Ä  T  I  D  U  S  K  I  K  Ä  S  I  L  T
T  I  N  J  O  W  K  D  J  X  T  S  R  E
A  O  N  U  M  A  M  M  U  T  O  T  Y  E
R  N  A  R  E  O  E  X  F  Ä  R  O  O  K
E  I  N  G  O  N  N  U  I  T  L  R  L  K
W  T  D  R  B  M  O  D  O  A  E  I  S  J
X  C  E  B  N  R  S  R  G  R  K  S  C  X
E  V  F  A  C  D  R  Y  M  E  N  K  I  E
Y  F  K  R  A  F  T  F  U  L  L  C  L  N
```

VINGAR	MAMMUT
ROVDJUR	ALLÄTARE
SVANS	KRAFTFULL
FÖRSVINNANDE	FÖRHISTORISK
ENORM	BYTE
ART	ROVFÅGEL
EVOLUTION	REPTIL
FOSSIL	STORLEK
STOR	JORD
VÄXTÄTARE	OND

40 - Restaurante #2

```
K  R  Y  D  D  O  R  R  U  R  Y  M  D  J
V  I  K  J  G  R  Ö  N  S  A  K  E  R  N
P  P  B  E  Y  C  Z  G  H  N  C  A  Y  N
I  B  Y  Z  N  R  B  A  E  W  D  D  C  S
G  H  G  M  U  K  Z  F  M  J  G  A  K  L
G  A  I  V  D  G  I  F  C  M  Y  K  S  G
G  P  S  A  L  T  S  E  R  V  I  T  Ö  R
V  G  A  T  A  U  O  L  J  F  G  X  O  U
U  O  L  T  R  M  N  Ä  G  G  R  J  R  W
Y  S  L  E  K  K  F  C  H  S  P  U  S  H
C  X  A  N  A  O  I  K  H  K  S  Z  K  L
L  R  D  W  K  W  S  E  S  T  O  L  E  T
M  I  D  D  A  G  K  R  T  T  T  I  D  F
I  S  P  S  C  U  S  O  P  P  A  S  F  E
```

VATTEN
LUNCH
DRYCK
SERVITÖR
MIDDAG
SKED
LÄCKER
SALLAD
KRYDDOR
NUDLAR

FRUKT
IS
ÄGG
KAKA
FISK
SALT
STOL
SOPPA
GAFFEL
GRÖNSAKER

41 - Profesiones #1

```
A S T R O N O M O G J B G D
M T D E Ö V E T E R I N Ä R
B R A D S R B R A N D M A N
A Ä N A X T M Z M P R N H O
S N S K A R T O G R A F Y A
S A A T L P S Y K O L O G Y
A R R Ö J Ä H R B A N K I R
D E E R Z Ä K X D W R G P M
Ö Z K L R I G A W I J E I U
R E Z U A Y W A R M I O A S
J U V E L E R A R E U L N I
I D R O T T A R E E S O I K
N L F A R S Y U W A A G S E
B U D A D V O K A T E B T R
```

ADVOKAT	AMBASSADÖR
ASTRONOM	TRÄNARE
IDROTTARE	RÖRMOKARE
DANSARE	GEOLOG
BANKIR	JUVELERARE
BRANDMAN	MUSIKER
KARTOGRAF	PIANIST
JÄGARE	PSYKOLOG
LÄKARE	VETERINÄR
REDAKTÖR	

42 - Vehículos

```
B H S F Ä R J A X B T F B Y
T U N N E L B A N A A T U S
R S B I L L S M Z G X G S M
D V R Z L Z F B K S I U S Y
M A U P H T L U F L O T T E
P G N Z E O Y L U L X F D Z
F N W X L A G A B M X Y L Y
F F W J I S P N Å B Å T A D
E H C Y K E L S T M J Y S Ä
M R T J O Z A T G O S A T C
O E A T P J N U Å M D O B K
T R A K T O R O F G U W I U
O Y O B E S K Y T T E L L Z
R A L E R T P N O I R R Z Z
```

AMBULANS
BUSS
FLYGPLAN
FLOTTE
BÅT
CYKEL
LASTBIL
HUSVAGN
BIL
RAKET

FÄRJA
HELIKOPTER
SKYTTEL
TUNNELBANA
MOTOR
DÄCK
UBÅT
TAXI
TRAKTOR
TÅG

43 - Vacaciones #2

```
F  L  Y  G  P  L  A  T  S  I  F  K  F  U
T  R  A  N  S  P  O  R  T  Z  P  K  O  T
F  H  A  V  B  P  V  V  F  U  E  S  T  L
P  R  E  S  T  A  U  R  A  N  G  E  O  Ä
D  X  I  Y  S  S  E  Z  T  Å  G  M  N  N
R  C  Z  T  G  S  N  V  R  Ä  P  E  W  N
E  C  C  A  I  D  E  I  K  H  L  S  I  I
S  B  V  X  O  D  T  Y  A  K  H  T  Y  N
A  W  J  I  T  X  A  B  R  H  V  E  C  G
H  O  T  E  L  L  J  U  T  R  L  R  J  C
S  T  R  A  N  D  X  H  A  V  I  S  U  M
D  E  S  T  I  N  A  T  I  O  N  W  T  G
Y  L  N  B  J  E  Ö  U  B  I  H  P  Y  J
R  E  S  E  R  V  A  T  I  O  N  E  R  K
```

FLYGPLATS	STRAND
TÄLT	RESERVATIONER
DESTINATION	RESTAURANG
UTLÄNNING	TAXI
FOTON	TRANSPORT
HOTELL	TÅG
KARTA	SEMESTER
HAV	RESA
FRITID	VISUM
PASS	

44 - Cumpleaños

```
L  T  I  D  C  G  T  F  O  A  H  A  L  F
Y  O  X  I  T  W  U  Ö  I  N  U  X  L  G
C  M  J  N  V  J  Y  D  X  R  L  Å  T  K
K  G  U  B  B  I  W  D  A  G  A  V  C  Z
L  B  I  J  M  N  S  F  I  N  S  N  K  V
I  C  A  U  V  O  Y  D  W  D  Ä  X  D  N
G  I  U  D  Z  Ä  A  L  O  M  R  D  D  E
Å  R  E  N  B  F  N  B  M  M  S  L  R  D
V  M  Z  I  G  U  H  N  W  V  K  O  R  T
A  I  J  N  M  N  I  H  E  B  I  U  N  G
G  N  T  G  K  A  K  A  Z  R  L  J  U  S
L  N  K  A  L  E  N  D  E  R  D  T  X  Z
A  E  P  R  O  L  I  G  T  U  P  M  Z  K
D  N  X  O  U  N  G  O  N  X  S  S  C  W
```

GLAD	INBJUDNINGAR
VÄNNER	UNG
ÅR	FÖDD
KALENDER	KAKA
LÅT	MINNEN
FIRANDE	GÅVA
ROLIGT	VISDOM
DAG	KORT
SÄRSKILD	TID
LYCKLIG	LJUS

45 - Baile

```
A K H R L Y E K Ä N S L A K
K U R J E N P K R M Z Y A L
A L Y S H P O U P O I V F A
D T T R Ö R E L S E P X I S
E U M P A G U T L T S P M S
M R C A D Y B U I R S O U I
I E P U K P H R L T W V S S
G L A Z T C K O O W I K I K
J L R H Å L L N I N G O K S
S L T H S H C Å K S L N N L
U T N M O G W D P I A S Z A
D K E X T P V I V S D T H J
N K R O H K P V I S U E L L
K O R E O G R A F I O P I O
```

AKADEMI	REPETITION
GLAD	NÅD
KONST	RÖRELSE
KLASSISK	MUSIK
KOREOGRAFI	HÅLLNING
KROPP	RYTM
KULTUR	HOPPA
KULTURELL	PARTNER
KÄNSLA	VISUELL

46 - Matemáticas

```
M B K U G N A E R O V T R F
S Y M M E T R I S A I R E R
Z D E D O A I P R F U B K A
Z E X T M L T A O D Ä D T K
V C P L E L M R M E D R A T
V I O F T C E A K K I I N I
I M N P R C T L R V A Z G O
N A E K I B I L E A M C E N
K L N J E T S E T T E V L U
L T T K E L K L S I T O R G
A U J D H Y R L A O E L N Y
R D O E W K Z Ä U N R Y R K
P O L Y G O N J T A N M E I
T R I A N G E L R A D I E T
```

ARITMETISK
VINKLAR
OMKRETS
TORG
DECIMAL
DIAMETER
EKVATION
SFÄR
EXPONENT
FRAKTION

GEOMETRI
TAL
PARALLELL
VINKELRÄT
POLYGON
RADIE
REKTANGEL
SYMMETRI
TRIANGEL
VOLYM

47 - Restaurante #1

```
V  K  S  R  R  M  E  N  Y  M  G  L  W  U
O  D  G  A  U  U  F  D  G  A  D  V  E  F
P  M  P  L  A  T  T  A  B  T  L  Y  P  W
S  Å  S  L  K  G  E  B  K  A  S  S  Ö  R
K  R  I  E  Ö  P  R  O  G  A  B  K  I  P
Å  U  D  R  T  I  R  K  N  I  V  R  X  O
L  R  A  G  T  I  Ä  N  R  T  O  W  Ö  M
F  F  I  I  L  K  T  I  S  Y  J  G  Y  D
N  Y  D  I  R  E  T  N  E  D  D  B  R  I
N  O  L  V  S  W  A  G  R  P  X  D  X  M
K  Y  C  K  L  I  N  G  V  S  S  I  A  P
Ö  I  N  G  R  E  D  I  E  N  S  E  R  D
K  A  F  F  E  L  O  X  T  W  L  P  M  L
C  W  Z  S  E  R  V  I  T  R  I  S  W  A
```

ALLERGI
KAFFE
KASSÖR
SERVITRIS
KÖTT
KÖK
MAT
KNIV
INGREDIENSER
MENY

BRÖD
KRYDDAD
PLATTA
KYCKLING
EFTERRÄTT
BOKNING
SÅS
SERVETT
SKÅL

48 - Profesiones #2

```
A S T R O N A U T D F F I L
D Y O L K Z P K M E O I L I
J O U R N A L I S T T L L N
B O N D E M Ä R D E O O U G
T U I J O R R U V K G S S V
Z A Y L Ä K A R E T R O T I
O F N C M H R G L I A F R S
O Y Z D Å M E O X V F L A T
L A P I L O T N U H W K T S
O K V P A Ä K A L W W E Ö Y
G N D Y R J K X H Z Y X R T
Z L Z R E Y E A C M Y R K U
T I J M X X F O R S K A R E
B I O L O G I N G E N J Ö R
```

BONDE
ASTRONAUT
BIOLOG
KIRURG
TANDLÄKARE
DETEKTIV
FILOSOF
FOTOGRAF
ILLUSTRATÖR

INGENJÖR
FORSKARE
LINGVIST
LÄKARE
JOURNALIST
PILOT
MÅLARE
LÄRARE
ZOOLOG

49 - Senderismo

```
O  F  Ö  R  B  E  R  E  D  E  L  S  E  T
R  H  U  G  J  B  E  R  Z  Y  J  F  O  K
I  H  T  Y  W  E  Z  F  V  M  K  S  V  L
E  M  X  E  B  E  E  J  X  N  Y  T  I  N
N  U  W  Y  W  B  K  N  I  E  D  E  J  V
T  A  D  J  U  R  E  M  S  P  T  N  C  S
E  L  T  Z  N  K  A  R  T  A  O  A  D  U
R  S  G  U  L  M  Y  G  G  R  P  R  I  X
I  T  H  D  R  T  U  N  G  K  P  C  J  K
N  Ö  V  A  T  T  E  N  I  E  M  X  E  L
G  V  I  L  D  I  N  J  T  R  Ö  A  M  I
K  L  I  M  A  T  W  S  O  I  T  X  F  P
C  A  M  P  I  N  G  U  I  D  E  D  L  P
Y  R  T  R  Ö  T  T  T  Z  F  T  Y  A  A
```

KLIPPA	BERG
VATTEN	MYGG
DJUR	NATUR
STÖVLAR	ORIENTERING
CAMPING	PARKER
TRÖTT	TUNG
KLIMAT	STENAR
TOPPMÖTE	FÖRBEREDELSE
GUIDE	VILD
KARTA	SOL

50 - Naturaleza

```
X E B F L O D O W V A F L F
O O K I R U Y Y A H R A Ö R
J M O L N E D J K Z K E V I
F T V U L I D O V R T O V S
T M K G M Ö Y L V R I S E T
V B U N S K O G I L S K R A
D I M M A E S L L G K Ö K D
X X P M U N K A D J H N E T
R D T F T X Y C W C T H S R
M K X F P M D I J F U E B O
S D S U Y N D Ä K P C T U P
N Y F D B Z E R O S I O N I
L R V D Y N A M I S K E P S
F N S N D J U R O U C D A K
```

BIN	DIMMA
DJUR	MOLN
ARKTISK	FREDLIG
SKÖNHET	SKYDD
SKOG	FLOD
ÖKEN	VILD
DYNAMISK	FRISTAD
EROSION	LUGN
LÖVVERK	TROPISK
GLACIÄR	

51 - Conduciendo

```
R V P O L I S B T M C J P H
V R S L A S T B I L O P G R
S T L Y B R Ä N S L E T T H
L I O C F O S U S K L U O B
N I N K A R T A Ä F D N G R
I J C A R N N O K F E N A O
O Z K E A G W I E Z P E S M
M T R A N S P O R T M L M S
A A S M L S V G H S Y P A A
M O T O R C Y K E L F N W R
G A T A Y L M X T Z K L W Y
X G A R A G E T R A F I K V
F O T G Ä N G A R E R B U L
F H O N H A S T I G H E T T
```

OLYCKA
GATA
LASTBIL
BIL
BRÄNSLE
BROMSAR
GARAGE
GAS
LICENS
KARTA

MOTORCYKEL
MOTOR
FOTGÄNGARE
FARA
POLIS
SÄKERHET
TRANSPORT
TRAFIK
TUNNEL
HASTIGHET

52 - Ballet

```
R E P U B L I K T E K N I K
S Y A T A F Ä R D I G H E T
G T T G L O R K E S T E R M
E H I M L K M P E L Z A E U
S S L L E D D A N S A R E S
T U T T R Y C K S F U L L I
V U S J I A P P L Å D E R K
C X K O N S T N Ä R L I G M
J J I Y A Ö V A C M J Y T U
K O R E O G R A F I F F K S
A W G R E P E T I T I O N K
K O M P O S I T Ö R E I H L
I N T E N S I T E T X H B E
G R L E K T I O N E R K G R
```

APPLÅDER
KONSTNÄRLIG
PUBLIK
BALLERINA
DANSARE
KOMPOSITÖR
KOREOGRAFI
REPETITION
STIL
UTTRYCKSFULL

GEST
FÄRDIGHET
INTENSITET
LEKTIONER
MUSKLER
MUSIK
ORKESTER
ÖVA
RYTM
TEKNIK

53 - Aventura

```
D N U N N A V I G E R I N G
E A R P F A R L I G S C R O
S T V Ä N N E R W D Ä J X D
T U T F L Y K T E D K V J M
I R F Ö R B E R E D E L S E
N G J M U K N Y N O R H X Y
A K T I V I T E T C H A N S
T M R X E W O D U G E R N K
I J A C R L F I S L T E R Ö
O M G I H I B P I Ä S S S N
N O V A N L I G A D V O A H
X D N Y O W D D S J J R S E
Y R E S V Ä G L M E T X L T
D R W O S V Å R I G H E T W
```

AKTIVITET
GLÄDJE
VÄNNER
SKÖNHET
DESTINATION
SVÅRIGHET
ENTUSIASM
UTFLYKT
OVANLIG
RESVÄG

NATUR
NAVIGERING
NY
CHANS
FARLIG
FÖRBEREDELSE
SÄKERHET
MOD
RESOR

54 - Pájaros

```
S  K  G  P  T  P  A  P  E  G  O  J  A  R
S  O  C  I  O  D  E  E  G  I  C  P  E  E
H  Ö  K  N  U  Y  F  L  A  M  I  N  G  O
Z  D  Y  G  C  W  V  K  I  A  K  M  Å  S
H  S  C  V  A  Ä  G  G  S  K  B  V  S  V
Z  T  K  I  N  G  E  X  T  P  A  N  K  A
S  O  L  N  W  B  L  C  R  S  A  N  Z  N
I  R  I  Z  H  E  V  P  U  W  Ö  R  V  U
V  K  N  L  V  Y  K  N  T  N  H  R  V  W
S  W  G  Ö  K  Y  J  G  S  X  U  M  N  N
U  I  D  B  R  H  Ä  G  E  R  W  L  W  U
S  H  Z  X  Å  B  K  M  X  W  C  E  P  U
E  F  V  B  K  B  S  A  N  D  F  G  X  Z
I  D  U  V  A  K  M  H  B  D  Y  E  O  Y
```

STRUTS	SPARV
ÖRN	HÖK
STORK	ÄGG
SVAN	PAPEGOJA
GÖK	DUVA
KRÅKA	ANKA
FLAMINGO	PELIKAN
GÅS	PINGVIN
HÄGER	KYCKLING
MÅS	TOUCAN

55 - Surf

```
F  R  E  V  T  V  V  P  R  E  D  W  N  H
P  O  P  U  L  Ä  R  A  O  K  O  G  D  A
X  L  L  H  I  D  N  D  N  T  L  D  E  S
E  I  F  K  N  E  C  D  B  T  K  T  X  T
X  G  N  H  M  R  Y  L  H  M  Y  V  T  I
P  T  K  P  A  A  H  A  S  B  D  D  R  G
M  L  I  A  G  V  S  T  Y  R  K  A  E  H
E  Ä  F  K  E  Å  K  S  P  R  A  Y  M  E
T  Z  S  J  L  G  U  S  O  N  C  R  O  T
V  D  R  T  Z  M  M  T  Z  R  B  Y  Z  E
Z  P  O  M  A  I  D  R  O  T  T  A  R  E
A  N  Y  B  Ö  R  J  A  R  E  F  T  U  L
T  J  I  L  X  G  E  N  A  J  G  I  U  Z
S  T  I  L  F  B  D  D  X  U  A  L  G  F
```

REV
IDROTTARE
MÄSTARE
VÄDER
ROLIGT
SKUM
STIL
MAGE
EXTREM
STYRKA

FOLKMASSOR
HAV
VÅG
STRAND
POPULÄR
NYBÖRJARE
PADDLA
SPRAY
HASTIGHET

56 - Geografía

```
M  B  K  Z  F  H  Z  F  S  Ö  D  E  R  M
R  N  V  N  L  A  N  D  A  W  I  Z  O  E
A  D  N  R  O  L  W  B  K  T  H  A  V  R
Z  H  Ö  J  D  V  Ä  R  L  D  L  F  T  I
K  A  R  T  A  K  H  E  K  B  H  A  D  D
B  K  N  L  V  L  A  D  Y  V  B  C  S  I
J  E  O  O  F  O  T  D  P  S  W  M  T  A
J  X  R  N  U  T  D  G  D  H  E  U  A  N
V  P  R  G  T  X  A  R  K  Y  O  F  D  B
Ä  S  D  I  X  I  C  A  T  Y  M  V  I  H
S  U  R  T  B  K  N  D  N  G  R  A  Y  A
T  O  E  U  J  M  W  E  H  E  Å  M  B  U
V  Y  T  D  O  L  A  A  N  D  D  R  P  X
G  D  J  P  B  K  U  V  R  T  E  Y  U  T
```

HÖJD	MERIDIAN
ATLAS	BERG
STAD	VÄRLD
KONTINENT	NORR
HALVKLOT	VÄST
BREDDGRAD	LAND
LONGITUD	OMRÅDE
KARTA	FLOD
HAV	SÖDER

57 - Deportes

```
N M H Z X G V J T T I G V R
R B A S E B O L L E D Y I Ö
C B D C Y K E L F A R M N R
S P E L A R E U F M O N N E
D O M A R E S M G K T A A L
B T E N N I S Ä Y N T S R S
A A K M X A S S M D A T E E
H U S X L B P T N V R I H T
H O C K E Y E E A L E K A R
N X U A E J L R S D L Z R Ä
X R V U G T Y S I I I R C N
K X K Z Z S P K U O A O T A
A D A Y W F L A M V J A N R
D P B T F G N P X B T Z J E
```

IDROTTARE	VINNARE
DOMARE	GYMNASTIK
BASKET	GYMNASIUM
BASEBOLL	GOLF
CYKEL	HOCKEY
MÄSTERSKAP	SPEL
TRÄNARE	SPELARE
TEAM	RÖRELSE
STADION	TENNIS

58 - Actividades

```
I  D  F  V  A  N  D  R  I  N  G  I  K  F
L  W  D  Ä  Z  M  F  D  G  A  T  N  O  O
K  F  K  E  R  A  M  I  K  H  Z  T  N  T
G  N  Ö  J  E  D  Y  G  D  A  I  R  S  O
M  A  G  I  E  Y  I  C  K  N  N  E  T  G
Å  V  O  F  L  P  H  G  J  T  F  S  C  R
L  K  O  Z  F  Ä  I  N  H  V  J  S  S  A
N  O  R  S  I  R  S  S  P  E  L  E  Ö  F
I  P  K  I  S  B  I  N  R  R  T  N  M  I
N  P  J  A  K  T  U  T  I  K  R  A  N  L
G  L  F  A  E  D  Z  O  I  N  W  Y  A  C
E  I  P  U  S  S  E  L  C  D  G  F  D  F
O  N  A  K  T  I  V  I  T  E  T  M  W  I
O  G  S  T  I  C  K  N  I  N  G  O  O  P
```

AKTIVITET	LÄSNING
KONST	MAGI
HANTVERK	FRITID
JAKT	FISKE
KERAMIK	MÅLNING
SÖMNAD	NÖJE
FOTOGRAFI	AVKOPPLING
FÄRDIGHET	PUSSEL
INTRESSEN	VANDRING
SPEL	STICKNING

59 - Verduras

```
S  M  B  X  K  R  G  P  E  K  S  F  T  X
S  A  O  R  Ä  D  I  S  A  A  V  G  O  R
P  L  L  R  O  L  I  V  Z  P  A  X  M  M
E  S  N  L  O  C  Z  E  A  U  M  D  A  A
N  Ä  R  T  A  T  C  E  L  M  P  V  T  G
A  Z  P  D  I  D  P  O  S  P  B  I  V  P
T  R  T  R  Ä  G  G  P  L  A  N  T  A  O
G  U  R  K  A  H  D  B  Ö  I  I  L  M  T
S  E  L  L  E  R  I  U  K  X  P  Ö  V  A
D  T  H  I  N  G  E  F  Ä  R  A  K  J  T
K  R  O  N  Ä  R  T  S  K  O  C  K  A  I
P  E  R  S  I  L  J  A  P  V  U  A  B  S
Y  P  K  E  O  Z  C  B  T  A  B  B  X  O
R  R  O  U  T  U  E  T  B  B  I  Y  H  X
```

VITLÖK   INGEFÄRA
KRONÄRTSKOCKA   ROVA
SELLERI   OLIV
ÄGGPLANTA   POTATIS
BROCCOLI   GURKA
PUMPA   PERSILJA
LÖK   RÄDISA
SALLAD   SVAMP
SPENAT   TOMAT
ÄRTA   MOROT

60 - Instrumentos Musicales

```
X  R  S  B  A  N  J  O  W  E  F  K  F  T
F  H  A  R  P  A  V  E  O  V  D  L  S  A
S  C  X  T  R  U  M  M  A  T  Z  A  S  M
Y  Y  O  X  G  R  Y  H  W  E  J  R  Z  B
K  T  F  L  Ö  J  T  B  Y  P  D  I  C  U
O  B  O  E  J  F  Y  F  M  R  Y  N  H  R
M  U  N  S  P  E  L  H  A  H  D  E  P  I
A  A  T  R  U  M  P  E  T  G  K  T  X  N
N  J  R  P  T  M  K  G  O  V  O  T  G  W
D  K  O  I  G  O  N  G  I  J  L  T  G  C
O  Y  M  A  M  E  I  B  H  T  F  C  T  E
L  K  B  N  A  B  F  I  O  L  A  P  M  L
I  B  O  O  F  G  A  W  Y  W  N  R  Z  L
N  F  N  S  L  A  G  V  E  R  K  I  R  O
```

MUNSPEL	OBOE
HARPA	TAMBURIN
BANJO	SLAGVERK
KLARINETT	PIANO
FAGOTT	SAXOFON
FLÖJT	TRUMMA
GONG	TROMBON
GITARR	TRUMPET
MANDOLIN	FIOL
MARIMBA	CELLO

61 - Escalada

```
A  R  F  I  G  R  O  T  T  A  R  I  Z  K
H  A  N  D  S  K  A  R  E  G  J  J  V  A
K  C  X  D  Z  Z  X  O  Y  X  O  Z  A  R
N  Y  F  I  K  E  N  H  E  T  P  I  N  T
S  T  A  B  I  L  I  T  E  T  E  E  D  A
M  E  R  H  J  Ä  L  M  S  V  V  N  R  A
A  R  K  Ä  A  B  B  T  T  F  Y  L  I  T
L  R  C  S  N  S  K  A  D  A  H  Z  N  M
F  Ä  A  C  T  I  H  Ö  J  D  D  S  G  O
Y  N  O  F  U  Y  N  E  H  P  B  A  U  S
S  G  G  N  T  Y  R  G  U  I  D  E  C  F
I  A  W  M  O  Y  G  K  A  A  W  V  E  Ä
S  T  Ö  V  L  A  R  F  A  C  L  P  X  R
K  X  H  G  S  G  W  P  Z  Y  J  P  B  Y
```

HÖJD	FYSISK
ATMOSFÄR	TRÄNING
STÖVLAR	STYRKA
HJÄLM	HANDSKAR
GROTTA	GUIDE
NYFIKENHET	SKADA
STABILITET	KARTA
SMAL	VANDRING
EXPERT	TERRÄNG

62 - Mascotas

```
M A T L F I S K A N I N A T
O U A C I J H A R H E B V J
U C S F F T U T V A T T E N
T O S G E T N T K M G P T Z
P E A L D B D H L S G E E V
M O R U K D T G O T R C R Y
Z S C G U O L S R E F Z I R
X C C Y I O P O Y R L W N H
G M U Z R R Y P V J X V Ä P
E Ö V E T D D S E T K O R Z
J D K S Y K X L J L P H V U
C L S K Ö L D P A D D A A N
P A P E G O J A H M G R L N
S V A N S V B G E F B Y P A
```

VATTEN
GET
VALP
SVANS
KRAGE
MAT
KANIN
KOPPEL
KLOR
KATT

HAMSTER
ÖDLA
PAPEGOJA
TASSAR
HUND
FISK
MUS
SKÖLDPADDA
KO
VETERINÄR

63 - Formas

```
I T R I A N G E L G P H C R
I F F R O J H Z X E Y Y H S
B U Y A K H Ö V E R R P T N
W Å J P U J R L U W A E L E
C P G I R W N K U B M R M I
S K K E P Z F W J J I B B E
X O A A K C Y L I N D E R L
S N F Y U P C I R K E L Z L
I I T I R R O O V A L I X I
C F D A V I K L I X S N C P
M R O A A S D T Y E K J F S
T O R G N M O R N G O E S K
S F Ä R K A N T E R O A U U
R E K T A N G E L W A N P M
```

BÅGE	HÖRN
KANTER	HYPERBEL
CYLINDER	SIDA
CIRKEL	LINJE
KON	OVAL
TORG	PYRAMID
KUB	POLYGON
KURVA	PRISMA
ELLIPS	REKTANGEL
SFÄR	TRIANGEL

64 - Flores

```
K  L  O  P  S  O  L  R  O  S  O  D  C  T
L  M  R  S  Å  M  A  G  N  O  L  I  A  U
Ö  L  K  X  R  S  H  I  B  I  S  K  U  S
V  I  I  B  B  U  K  E  T  T  D  J  M  E
E  L  D  M  R  J  G  L  T  U  L  P  A  N
R  A  É  J  U  R  C  A  I  P  L  Y  X  S
V  L  J  A  S  M  I  N  R  L  I  D  R  K
L  A  V  E  N  D  E  L  X  D  J  O  A  Ö
V  A  L  L  M  O  G  J  C  U  E  A  N  N
M  A  S  K  R  O  S  A  F  G  D  N  W  A
P  K  R  O  N  B  L  A  D  C  C  E  I  V
P  A  S  S  I  O  N  F  L  O  W  E  R  A
R  I  N  G  B  L  O  M  M  A  P  G  H  U
I  Z  W  I  F  L  I  L  J  A  K  K  K  K
```

VALLMO	MAGNOLIA
RINGBLOMMA	TUSENSKÖNA
MASKROS	PÅSKLILJA
GARDENIA	ORKIDÉ
SOLROS	PASSIONFLOWER
HIBISKUS	PION
JASMIN	KRONBLAD
LAVENDEL	BUKETT
LILA	KLÖVER
LILJA	TULPAN

65 - Astronomía

```
K  J  M  Å  N  E  A  R  S  E  B  T  A  C
O  O  P  F  B  H  S  J  U  T  D  B  H  Y
N  R  S  X  I  B  T  F  P  L  A  N  E  T
S  D  U  M  O  N  R  Ö  E  S  G  A  S  E
T  M  L  X  O  D  O  R  R  H  J  S  A  L
E  H  E  N  R  S  N  M  N  I  Ä  T  T  E
L  I  L  T  M  V  A  Ö  O  M  M  R  E  S
L  S  F  Y  E  T  U  R  V  M  N  O  L  K
A  R  Z  L  H  O  T  K  A  E  I  N  L  O
T  R  A  K  E  T  R  E  G  L  N  O  I  P
I  D  J  G  Z  W  J  L  N  A  G  M  T  T
O  M  E  G  L  V  T  S  F  X  L  S  U  S
N  H  X  X  H  K  E  E  S  H  K  A  S  U
A  S  T  E  R  O  I  D  G  V  A  P  X  C
```

ASTEROID
ASTRONAUT
ASTRONOM
HIMMEL
RAKET
KONSTELLATION
KOSMOS
FÖRMÖRKELSE
DAGJÄMNING

GALAX
MÅNE
METEOR
PLANET
SATELLIT
SUPERNOVA
TELESKOP
JORD

66 - Tiempo

```
Ö  H  M  D  H  N  V  K  C  S  M  F  M  Å
G  B  O  A  T  U  A  E  P  F  Ö  R  E  R
O  D  R  G  V  I  N  A  C  T  H  A  N  T
N  I  G  Å  R  F  M  C  F  K  K  M  F  I
B  I  O  G  R  V  F  M  J  N  A  T  T  O
L  M  N  M  I  N  U  T  E  M  L  I  A  N
I  M  A  A  A  L  V  B  F  Å  E  D  S  D
C  K  E  D  L  I  X  U  G  N  N  B  J  E
K  H  V  O  T  V  K  Y  X  A  D  E  F  T
I  D  A  G  W  N  U  S  A  D  E  L  H  W
M  I  D  D  A  G  M  D  H  Å  R  L  I  G
Å  R  H  U  N  D  R  A  D  E  V  M  H  Y
P  G  J  W  H  M  F  J  Z  A  U  X  D  Z
K  L  O  C  K  A  X  Z  O  P  R  W  H  T
```

NU
FÖRE
ÅRLIG
ÅR
IGÅR
KALENDER
ÅRTIONDE
DAG
FRAMTID
TIMME

IDAG
MORGON
MIDDAG
MÅNAD
MINUT
ÖGONBLICK
NATT
KLOCKA
VECKA
ÅRHUNDRADE

67 - Paisajes

```
G X Y C Z A Z G E K P T V F
Ö K E N G E J S E R V L A L
G H A L V Ö J O X N U S T O
L H U B R P X G T P L J T D
A A A R E A R I W H K Ö E M
C S G V B E E S A S A Y N Y
I C E U P Y N B T P N U F N
Ä O F Z N T P E U R R N A N
R Z L B E R G R N K A L L I
X S O R U Z R G D U Z N L N
Z C D A L D J G R G H J D G
C H D R I R O H A K C D D T
T R Ä S K L A A S S D A P L
S O W O G N S Z G R O T T A
```

VATTENFALL
GROTTA
ÖKEN
FLODMYNNING
GEJSER
GLACIÄR
ISBERG
SJÖ
LAGUN
HAV

BERG
OAS
TRÄSK
HALVÖ
STRAND
FLOD
TUNDRA
DAL
VULKAN

68 - Días y Meses

```
W  Å  N  O  V  E  M  B  E  R  T  K  A  V
T  R  O  L  K  M  T  J  Z  I  O  A  P  E
E  I  N  Ö  J  T  O  S  E  X  R  L  R  C
S  Z  S  R  J  H  O  F  F  K  S  E  I  K
Ö  G  D  D  U  A  X  B  R  M  D  N  L  A
N  N  A  A  A  N  N  E  V  A  D  X  I
D  G  G  G  C  G  C  U  D  R  G  E  N  K
A  U  G  U  S  T  I  V  A  U  N  R  E  S
G  P  M  M  Å  N  A  D  G  R  T  U  B  I
N  Y  Å  A  Y  I  F  F  B  H  I  Y  J  D
J  U  N  I  S  E  P  T  E  M  B  E  R  R
U  E  D  S  Z  F  E  B  R  U  A  R  I  Z
L  X  A  U  B  Z  H  N  H  K  A  D  M  K
I  B  G  M  W  V  I  W  R  P  C  J  H  O
```

APRIL
AUGUSTI
ÅR
KALENDER
SÖNDAG
JANUARI
FEBRUARI
TORSDAG
JULI
JUNI

MÅNDAG
TISDAG
MÅNAD
ONSDAG
NOVEMBER
OKTOBER
LÖRDAG
VECKA
SEPTEMBER
FREDAG

69 - Chocolate

```
W  N  A  D  J  O  Y  K  O  K  O  S  U  H
W  M  N  B  L  M  F  A  V  O  R  I  T  V
A  F  B  T  S  O  C  K  E  R  A  K  T  A
I  N  I  R  J  O  Y  A  P  U  L  V  E  R
N  L  T  K  O  L  A  O  D  Z  U  A  Z  O
G  Ä  T  I  A  V  D  E  Z  R  A  L  I  M
R  C  E  I  O  L  Y  M  A  V  H  I  S  I
E  K  R  F  E  X  O  T  I  S  K  T  M  F
D  E  I  X  P  X  I  R  D  A  M  E  A  Y
I  R  R  U  W  E  S  D  I  S  I  T  K  W
E  U  Z  Z  L  W  O  Ö  A  E  P  Z  L  H
N  V  M  P  K  X  S  P  T  N  R  I  I  J
S  B  F  W  J  O  R  D  N  Ö  T  T  E  R
N  I  E  M  H  F  R  E  C  E  P  T  A  Y
```

BITTER	KOKOS
ANTIOXIDANT	LÄCKER
AROM	SÖT
SOCKER	EXOTISK
JORDNÖTTER	FAVORIT
KAKAO	SMAK
KVALITET	INGREDIENS
KALORIER	PULVER
KOLA	RECEPT

70 - Barbacoas

```
S  W  L  W  P  L  Y  S  S  G  Z  W  Z  V
A  X  B  D  U  Y  W  O  I  P  S  A  D  O
L  O  X  U  K  M  O  M  Y  I  E  F  N  A
L  S  K  E  K  P  G  M  D  S  C  L  P  G
A  X  F  Y  O  M  B  A  R  N  K  H  T  R
D  C  B  M  R  S  F  R  L  U  N  C  H  I
E  V  X  I  S  V  A  R  M  D  I  F  P  L
R  S  F  A  X  Å  M  L  O  U  V  T  E  L
F  A  M  I  L  J  S  R  T  S  A  U  P  F
T  O  M  A  T  E  R  J  K  M  R  G  P  M
R  H  U  N  G  E  R  F  R  U  K  T  A  Y
K  Y  C  K  L  I  N  G  E  S  L  Y  R  M
M  I  D  D  A  G  W  C  U  I  Ö  Y  Z  K
G  R  Ö  N  S  A  K  E  R  K  K  S  Z  Y
```

LUNCH	MUSIK
VARM	BARN
LÖK	GRILL
MIDDAG	PEPPAR
KNIVAR	KYCKLING
SALLADER	SALT
FAMILJ	SÅS
FRUKT	TOMATER
HUNGER	SOMMAR
SPEL	GRÖNSAKER

71 - Ropa

```
D S H K L H A T T C M W T K
V K A R M B A N D B K O O K
E J L S K O E N X L X D D W
B O S U H A L S D U K T R E
L R B Y X O R S M S X U X R
F T A S K E D Y T Y K U M U
Ö A N P Y J A M A S C A X H
R G D Ä X P R V N S I K R J
K J O L V O S A N D A L E R
L A H S T R Ö J A X G V T N
Ä C B Ä L T E Y X R O R I L
D K R I X K L Ä N N I N G C
E A V T N D K B R C Z O A R
V M L T M O D N I B A Z G P
```

PÄLS	SMYCKEN
BLUS	MODE
HALSDUK	BYXOR
SKJORTA	PYJAMAS
JACKA	ARMBAND
BÄLTE	SANDALER
HALSBAND	HATT
FÖRKLÄDE	TRÖJA
KJOL	KLÄNNING
HANDSKAR	SKO

72 - Meditación

```
T A C K S A M H E T R S I F
Z D E L Ä M U S I K Ö I L I
U B W A N N O V O F R E D M
M V F R S A S I N N E Z W E
G S W H Y X T L W U L A R D
T F E E K O X U O E S U G K
I Y V T K N P N R R E H G Ä
P E R S P E K T I V Z Å A N
G O D K Ä N N A N D E L N S
T Y S T N A D N J B N L D L
W A Z U P S Y K I S K N A A
M R V D F A B A C M L I S B
J T O B G Y K R J R L N O Y
V Ä N L I G H E T A C G S W
```

GODKÄNNANDE
VÄNLIGHET
LUGN
KLARHET
MEDKÄNSLA
KÄNSLOR
TACKSAMHET
PSYKISK
SINNE

RÖRELSE
MUSIK
NATUR
FRED
TANKAR
PERSPEKTIV
HÅLLNING
ANDAS
TYSTNAD

73 - Libros

```
S  S  S  A  U  I  P  K  P  R  O  M  A  N
A  K  A  P  B  R  E  B  O  A  A  Z  R  G
M  R  M  L  X  Y  H  C  E  D  H  A  O  L
L  I  M  Ä  Z  N  O  R  S  D  I  K  T  C
I  V  A  S  D  U  A  L  I  T  E  T  F  Y
N  S  N  A  B  E  R  Ä  T  T  E  L  S  E
G  N  H  R  E  L  E  V  A  N  T  I  T  F
R  G  A  E  V  R  X  E  Z  C  L  T  R  V
J  T  N  S  B  F  I  N  R  C  A  T  A  J
R  G  G  P  I  G  O  T  E  N  Y  E  G  J
D  F  K  T  D  D  X  Y  K  S  H  R  I  C
B  E  R  Ä  T  T  A  R  E  W  A  Ä  S  Z
H  I  S  T  O  R  I  S  K  C  S  R  K  M
F  Ö  R  F  A  T  T  A  R  E  C  B  W  M
```

FÖRFATTARE	LITTERÄR
ÄVENTYR	BERÄTTARE
SAMLING	ROMAN
SAMMANHANG	SIDA
DUALITET	RELEVANT
SKRIVS	DIKT
BERÄTTELSE	POESI
HISTORISK	RAD
LÄSARE	TRAGISK

74 - Nutrición

```
N  Z  J  U  B  T  K  C  V  E  I  A  M  K
O  I  H  B  A  P  O  U  W  G  K  P  M  A
E  K  I  O  L  W  U  X  V  I  K  T  A  L
B  B  C  S  A  Y  R  J  I  J  O  I  T  O
S  P  A  N  N  M  Å  L  K  N  S  T  S  R
J  R  B  G  S  M  A  K  L  D  T  Z  M  I
Ä  O  S  K  E  F  M  Y  F  Z  Y  F  Ä  E
S  T  A  B  R  S  R  H  Ä  L  S  A  L  R
N  E  L  P  A  Å  B  I  T  T  E  R  T  T
I  I  B  I  D  S  Y  X  S  W  C  I  N  O
N  N  A  P  G  D  Z  F  C  K  U  K  I  G
G  E  K  V  A  L  I  T  E  T  A  R  N  A
Z  R  I  R  V  I  T  A  M  I  N  R  G  H
N  Ä  R  I  N  G  S  Ä  M  N  E  I  J  C
```

BITTER
APTIT
KVALITET
KALORIER
SPANNMÅL
ÄTLIG
KOST
MATSMÄLTNING
BALANSERAD
JÄSNING

NÄRINGSÄMNE
VIKT
PROTEINER
SMAK
SÅS
HÄLSA
FRISKA
TOXIN
VITAMIN

75 - Bondad

```
W P G L U L L X F W F A D R
G I J J K X D V M A X N B E
G E X Z E U P A T I E N T S
U Ä N X G M A V Ä N L I G P
P R S E H W Y P H W U D W E
P L R T R P Å L I T L I G K
M I W O F Ö Z L R P C H L T
Ä G D L Y R S V X O L J Y F
R Ä M E D L I D S A M Ä C U
K K Ä R L E K S F U L L K L
S T O A S I Z J U Y G P L L
A A X N W E L F D D E S I G
M O T T A G L I G C T A G K
F Ö R S T Å E L S E S M B K
```

VÄNLIG

ÄRLIG

KÄRLEKSFULL

GÄSTFRI

UPPMÄRKSAM

PATIENT

MEDLIDSAM

MOTTAGLIG

FÖRSTÅELSE

RESPEKTFULL

LYCKLIG

MILD

PÅLITLIG

TOLERANT

GENERÖS

HJÄLPSAM

ÄKTA

76 - Edificios

```
L  G  W  D  N  X  A  R  L  S  K  O  L  A
A  Å  Y  Z  Y  G  K  E  Ä  T  P  V  H  M
B  R  C  E  U  B  S  T  G  A  R  A  G  E
O  D  U  J  L  B  P  D  E  D  A  N  K  Y
R  S  R  L  B  I  F  U  N  I  E  D  X  A
A  R  L  C  R  O  A  W  H  O  C  R  J  M
T  I  A  O  J  T  B  H  E  N  H  A  P  B
O  W  Y  Y  T  O  R  N  T  M  G  R  B  A
R  Z  M  I  O  T  I  S  J  U  K  H  U  S
I  J  D  H  G  X  K  A  L  S  R  E  J  S
U  T  E  A  T  E  R  P  A  E  N  M  I  A
M  A  T  A  F  F  Ä  R  D  U  L  U  A  D
H  O  T  E  L  L  O  X  A  M  R  X  Z  U
W  O  B  S  E  R  V  A  T  O  R  I  U  M
```

VANDRARHEM	GÅRD
LÄGENHET	SJUKHUS
SLOTT	HOTELL
BIO	LABORATORIUM
AMBASSAD	MUSEUM
SKOLA	OBSERVATORIUM
STADION	MATAFFÄR
FABRIK	TEATER
GARAGE	TORN
LADA	

77 - Océano

```
R  E  V  T  L  V  F  S  N  H  J  U  B  B
Z  R  J  S  X  U  A  I  P  A  V  A  L  S
A  L  G  E  R  Ä  K  A  S  J  X  W  D  R
S  B  L  Ä  C  K  F  I  S  K  L  H  E  S
K  T  O  N  F  I  S  K  O  R  A  L  L  A
Ö  I  T  S  U  P  R  O  S  S  R  X  F  L
L  D  E  L  T  O  O  P  M  A  T  W  I  T
D  V  W  H  B  R  J  K  A  Y  R  O  N  E
P  A  U  S  L  C  O  W  N  B  C  T  R  K
A  T  R  I  K  O  K  N  E  M  A  T  C  M
D  T  K  C  T  O  K  H  T  W  N  F  P  C
D  E  B  K  R  A  B  B  A  S  S  L  S  H
A  N  Y  I  P  R  Å  L  S  V  A  M  P  V
Z  S  B  P  V  Z  T  V  Y  E  B  F  O  X
```

ALGER	SVAMP
ÅL	TIDVATTEN
REV	MANET
TONFISK	OSTRON
VAL	FISK
BÅT	BLÄCKFISK
RÄKA	SALT
KRABBA	HAJ
KORALL	STORM
DELFIN	SKÖLDPADDA

78 - Ciudad

```
N B A N K A S G S V O F U F
Z X I Z L P T A S P U L N V
T D O O I O A L D G E Y I C
Y G E O N T D L W L C G V R
E B X A I E I E W T T P E M
B O L J K K O R T M M L R N
D K J L V M N I J F M A S L
B H C M A T A F F Ä R T I J
T A W U Z G S K O L A S T P
Y N G S M A R K N A D C E N
Z D Y E M T E A T E R N T T
U E F U R E S T A U R A N G
E L B M B I B L I O T E K X
N X A H O T E L L G T Z Y N
```

FLYGPLATS	BOKHANDEL
BANK	MARKNAD
BIBLIOTEK	MUSEUM
BIO	BAGERI
KLINIK	RESTAURANG
SKOLA	MATAFFÄR
STADION	TEATER
APOTEK	LAGRA
GALLERI	UNIVERSITET
HOTELL	ZOO

79 - Conservación

```
T  G  O  R  G  A  N  I  S  K  U  T  O  O
B  G  R  U  T  N  S  L  V  A  T  T  E  N
E  R  O  Ö  P  S  N  J  P  X  B  G  I  T
L  C  H  S  N  A  T  U  R  L  I  G  V  N
I  X  C  Å  L  I  V  S  M  I  L  J  Ö  V
P  I  V  O  L  O  N  T  Ä  R  D  P  Z  A
H  G  Z  G  U  L  S  V  M  I  N  S  K  A
V  Ä  U  A  U  X  B  A  N  A  I  H  D  P
P  K  L  I  M  A  T  A  B  A  N  R  D  E
H  A  L  S  E  I  N  M  R  T  G  T  N  D
Z  U  Y  A  A  X  Z  C  Y  K  E  L  Y  X
E  K  O  S  Y  S  T  E  M  M  I  L  J  Ö
F  Ö  R  O  R  E  N  I  N  G  C  J  P  N
Å  T  E  R  V  I  N  N  A  O  X  J  F  A
```

VATTEN	ORGANISK
MILJÖ	ORO
CYKEL	ÅTERVINNA
KLIMAT	MINSKA
FÖRORENING	HÄLSA
EKOSYSTEM	HÅLLBAR
UTBILDNING	GRÖN
LIVSMILJÖ	VOLONTÄR
NATURLIG	

80 - Exploración

```
U P M H H I O R M K A T V R
T F V O N Y K E K U V I L D
M A G W D O Ä S L L L B V J
A R A F T D N A I T Ä E L U
T L Y L G E D O G U G S W R
T I L M S P R Å K R S T A S
N G M Y D N O R N E E Ä K P
I U S H H A A K Ä R N M T Ä
N H V T V A Z M D N V N I N
G K D T Z E V N F Z G I V N
B T I L U C K N L F N N I I
M V V A D A W D H N X G T N
T G R C N C X V F E Y D E G
M Z Y X N U P P T Ä C K T X
```

AKTIVITET
UTMATTNING
DJUR
MOD
KULTURER
OKÄND
UPPTÄCKT
BESTÄMNING
AVLÄGSEN

SPÄNNING
RYMD
SPRÅK
NY
FARLIG
VILD
TERRÄNG
RESA

81 - Campeonato

```
M E D A L J U F K S Z S P B
N X P G Y D T I S P W P R Z
S E V J T V H N I I L E E M
T V L V R N Å A L R B L S Ä
R K E J L D L L S W E H T S
A W B T B L L I E U D H A T
T E D J T V I S G V Ö L N E
E S P O R T G T E A M N D R
G D U E D U H M R W A X A S
I N Y O E W E E Y Ä P I X K
K N R Z H H T K M L N Z S A
M O T I V E R I N G Y A R P
W U W T U R N E R I N G R T
M Ä S T A R E L U V U C W E
```

MÄSTERSKAP
MÄSTARE
SPORT
TRÄNARE
TEAM
STRATEGI
FINALIST
SPEL
BEDÖMA

LIGA
MEDALJ
MOTIVERING
PRESTANDA
UTHÅLLIGHET
TURNERING
SVETT
SEGER

82 - Actividades y Ocio

```
T  C  K  I  O  W  X  L  K  R  H  B  H  T
A  T  Y  R  L  W  B  J  O  O  F  A  A  Ä
A  V  K  O  P  P  L  A  N  D  E  S  N  V
T  E  T  E  S  S  F  I  S  K  E  K  D  L
S  E  I  W  O  K  O  B  T  E  S  E  L  I
B  I  N  E  R  Y  T  O  X  Y  B  T  A  N
C  V  M  N  N  M  B  R  N  I  O  O  K  G
A  A  Å  N  I  D  O  E  K  F  X  X  L  S
M  N  L  Z  I  S  L  S  G  C  N  I  V  L
P  D  N  N  L  N  L  A  H  I  I  Y  B  H
I  R  I  W  U  V  G  D  Y  K  N  I  N  G
N  I  N  U  W  X  O  U  O  F  G  A  B  U
G  N  G  T  V  O  L  L  E  Y  B  O  L  L
P  G  H  S  U  R  F  I  N  G  C  K  A  L
```

KONST	SIMNING
BASKET	FISKE
BASEBOLL	MÅLNING
BOXNING	AVKOPPLANDE
DYKNING	VANDRING
CAMPING	SURFING
TÄVLINGS	TENNIS
HANDLA	RESA
FOTBOLL	VOLLEYBOLL
GOLF	

83 - Comida #1

```
P  B  L  L  Y  Y  M  N  F  S  H  W  C  P
Ä  A  I  R  Ö  C  J  O  R  D  G  U  B  B
R  S  A  L  T  K  Ö  G  J  S  P  S  N  H
O  I  T  F  N  G  L  M  I  Y  X  O  A  V
N  L  S  P  T  X  K  C  N  W  G  P  M  J
V  I  T  L  Ö  K  K  A  N  E  L  P  Y  M
M  K  S  K  C  I  T  R  O  N  T  A  N  J
O  A  O  N  Ö  B  W  V  X  V  H  H  T  U
R  P  C  R  D  T  O  N  F  I  S  K  A  I
O  X  K  O  N  Y  T  S  P  E  N  A  T  C
T  O  E  V  B  L  S  A  L  L  A  D  M  E
H  S  R  A  C  B  B  R  O  B  A  A  F  W
A  J  V  S  T  G  B  Z  G  E  R  W  N  N
L  L  J  R  P  V  F  T  H  U  R  S  G  Y
```

VITLÖK	JORDGUBB
BASILIKA	JUICE
TONFISK	MJÖLK
SOCKER	CITRON
KANEL	MYNTA
KÖTT	ROVA
KORN	PÄRON
LÖK	SALT
SALLAD	SOPPA
SPENAT	MOROT

84 - Virtudes #1

```
F  B  R  A  C  S  C  F  N  O  A  K  P  C
H  A  L  G  C  T  K  I  L  B  V  O  A  H
G  P  N  Y  R  O  L  I  G  E  G  N  S  A
I  E  B  T  G  Y  O  G  A  R  Ö  S  S  R
N  F  N  F  A  S  K  V  T  O  R  T  I  M
T  F  N  E  P  S  A  K  C  E  A  N  O  I
E  E  G  U  R  E  I  M  D  N  N  Ä  N  G
L  K  X  M  A  Ö  S  F  M  D  D  R  E  N
L  T  O  F  K  U  S  L  U  E  E  L  R  H
I  I  P  A  T  I  E  N  T  L  L  I  A  U
G  V  O  T  I  B  K  N  G  R  L  G  D  D
E  E  P  L  S  N  Y  F  I  K  E  N  C  H
N  P  I  T  K  P  Å  L  I  T  L  I  G  K
T  J  H  J  Ä  L  P  S  A  M  A  I  G  G
```

PASSIONERAD	FANTASIFULL
KONSTNÄRLIG	OBEROENDE
BRA	INTELLIGENT
NYFIKEN	REN
AVGÖRANDE	BLYGSAM
EFFEKTIV	PATIENT
CHARMIG	PRAKTISK
PÅLITLIG	KLOK
GENERÖS	HJÄLPSAM
ROLIG	

85 - Literatura

```
A  S  W  B  E  E  B  P  R  I  M  L  E  M
N  E  C  E  P  I  E  V  O  O  H  F  J  O
A  D  I  S  S  F  R  C  I  E  M  L  U  K
L  H  E  K  C  R  Ä  S  C  S  T  A  Y  K
O  F  Ö  R  F  A  T  T  A  R  E  I  N  Y
G  B  B  I  H  O  T  I  E  C  J  K  S  K
I  I  Z  V  D  I  A  L  O  G  M  J  L  K
Å  O  G  N  I  H  R  H  Z  L  Z  C  U  R
S  G  A  I  K  M  E  T  A  F  O  R  T  Y
I  R  S  N  T  T  R  A  G  E  D  I  S  T
K  A  W  G  A  N  E  K  D  O  T  U  A  M
T  F  R  M  N  L  V  I  A  A  J  A  T  J
C  I  I  F  Z  C  Y  T  E  M  A  W  S  P
X  X  S  E  V  N  T  S  F  W  B  M  U  M
```

ANALOGI
ANALYS
ANEKDOT
FÖRFATTARE
BIOGRAFI
SLUTSATS
BESKRIVNING
DIALOG
STIL
METAFOR

BERÄTTARE
ROMAN
ÅSIKT
DIKT
POETISK
RIM
RYTM
TEMA
TRAGEDI

86 - Clima

```
A  P  H  D  S  F  S  L  R  S  T  O  R  M
T  O  I  S  R  F  Y  V  E  S  R  H  P  O
M  L  M  B  T  O  R  R  F  H  O  L  Ö  L
O  Ä  M  M  R  K  U  I  Z  O  M  T  V  N
S  R  E  O  X  I  L  V  E  Å  B  R  E  V
F  A  L  N  R  Z  S  I  V  S  L  O  R  C
Ä  G  G  S  R  K  J  N  M  K  I  P  S  F
R  T  D  U  O  H  A  D  R  A  X  I  V  Y
X  G  D  N  V  N  O  N  F  R  T  S  Ä  U
T  E  M  P  E  R  A  T  U  R  O  K  M  B
T  D  I  M  M  A  B  E  Y  O  R  M  N  H
B  P  R  L  H  E  A  E  G  R  K  S  I  R
Z  S  T  K  O  W  J  G  S  R  A  G  N  D
R  P  D  P  B  E  X  X  U  K  K  V  G  A
```

ATMOSFÄR	POLÄRA
BRIS	BLIXT
HIMMEL	TORR
KLIMAT	TORKA
IS	TEMPERATUR
ORKAN	STORM
ÖVERSVÄMNING	TROMB
MONSUN	TROPISK
DIMMA	ÅSKA
MOLN	VIND

87 - Comida #2

```
Z  F  K  Y  C  K  L  I  N  G  S  R  J  W
K  D  M  L  A  B  A  N  A  N  B  R  Ö  D
N  R  I  S  T  W  H  G  Ä  G  G  E  U  X
S  U  O  B  B  S  V  E  T  E  K  U  W  U
B  V  H  N  R  K  M  F  X  S  K  I  W  I
E  A  Ä  Y  Ä  Ö  U  Ä  U  O  G  R  A  I
Ä  D  G  X  K  R  N  R  Z  L  G  J  C  Y
S  P  G  L  T  S  T  A  Z  R  X  R  D  U
E  S  P  I  I  B  F  S  O  O  J  E  D  W
L  O  L  L  O  Ä  H  M  K  S  I  K  J  U
L  J  A  K  E  R  U  C  H  O  K  L  A  D
E  F  N  M  A  N  D  E  L  E  C  O  I  N
R  C  T  Y  O  G  H  U  R  T  D  K  S  U
I  X  A  N  N  W  O  N  W  T  O  M  A  T
```

KRONÄRTSKOCKA	KIWI
MANDEL	ÄPPLE
SELLERI	BRÖD
RIS	BANAN
ÄGGPLANTA	KYCKLING
KÖRSBÄR	OST
CHOKLAD	TOMAT
SOLROS	VETE
ÄGG	DRUVA
INGEFÄRA	YOGHURT

88 - Castillos

```
E  S  P  C  U  T  N  I  D  X  P  T  R  S
D  V  J  H  Z  X  A  K  Y  D  R  M  I  K
R  Ä  R  B  W  K  R  O  N  A  I  R  K  Ö
A  R  V  U  T  O  R  N  A  P  N  A  E  L
K  D  P  Ä  S  S  G  Y  S  B  S  K  H  D
E  F  R  L  G  T  K  A  T  A  P  U  L  T
I  Ä  I  E  A  G  N  R  I  D  D  A  R  E
M  S  N  M  C  O  U  I  P  A  L  A  T  S
P  T  S  W  N  M  R  L  N  X  E  K  X  N
E  N  E  T  E  W  X  N  Z  G  A  L  D  X
R  I  S  Ä  E  N  H  Ö  R  N  I  N  G  E
I  N  S  J  D  H  Ä  S  T  U  Z  N  P  F
U  G  A  V  F  E  O  D  A  L  X  J  V  L
M  T  V  T  V  A  L  C  M  F  T  W  J  K
```

RUSTNING
RIDDARE
HÄST
KATAPULT
KRONA
DYNASTI
DRAKE
SKÖLD
SVÄRD
FEODAL

FÄSTNING
IMPERIUM
ÄDEL
PALATS
VÄGG
PRINSESSA
PRINS
RIKE
TORN
ENHÖRNING

89 - Arte

```
O  R  J  S  K  I  L  D  R  A  B  D  B  S
S  K  A  P  A  O  R  I  G  I  N  A  L  K
Y  U  W  J  M  S  M  N  I  O  J  V  M  J
M  A  R  O  W  G  F  P  O  E  S  I  Å  O
B  K  E  R  A  M  I  K  L  B  K  S  L  P
O  D  L  N  E  A  V  H  R  E  M  U  N  E
L  V  N  Z  W  A  T  T  X  J  X  E  I  R
H  U  M  Ö  R  L  L  E  N  K  E  L  N  S
V  K  Ä  R  L  I  G  I  Y  G  L  L  G  O
U  T  T  R  Y  C  K  Z  S  Y  N  E  A  N
B  I  A  Z  Ä  M  N  E  I  M  B  A  R  L
I  N  S  P  I  R  E  R  A  D  F  A  A  I
V  A  O  E  U  C  V  O  F  I  G  U  R  G
S  K  U  L  P  T  U  R  U  O  L  Y  Z  C
```

KERAMIK	PERSONLIG
KOMPLEX	MÅLNINGAR
SKAPA	POESI
SKULPTUR	SKILDRA
UTTRYCK	ENKEL
FIGUR	SYMBOL
ÄRLIG	SURREALISM
HUMÖR	ÄMNE
INSPIRERAD	VISUELL
ORIGINAL	

90 - Herbostería

```
G G C H P E R S I L J A V D
R K F I B L O M M A A Z Ä X
Ö U M A L F S M D D K K X F
N L H V M N E J R A M T I
E I L T E U A S A F F R A N
U N L R L J R F M Y N T A G
F A O Z K D I L L V V R J R
X R R I E V N L N E K Ä N E
V I T L Ö K A E J T K D N D
X S T B A S I L I K A G X I
C K A R O M A T I S K Å X E
H Z E D R A G O N T T R E N
U N F Ä N K Å L Y W E D B S
J L A V E N D E L S Y T Y X
```

VITLÖK
BASILIKA
AROMATISK
SAFFRAN
KVALITET
KULINARISK
DILL
DRAGON
BLOMMA
FÄNKÅL

INGREDIENS
TRÄDGÅRD
LAVENDEL
MEJRAM
MYNTA
PERSILJA
VÄXT
ROSMARIN
SMAK
GRÖN

91 - Verano

```
S T R A N D V C B B N X C J
H A V K P Z Ä X U Ö O U X H
S O N P G S N N X C I X R E
E P H D P E N D Y K N I N G
M A E C A G E I B E I G S T
E H M L V L R W S R V D F R
S K M Z K S E F A M I L J Ä
T F T F O T M R M G C E I D
E M A T P J I I U L A P N G
R Z K M P Ä N T S Ä M T T Å
R U Z L L R N I I D P Z H R
A E K D I N E D K J I J I D
F G S M N O N W U E N O C A
J U X A G R Y U T B G A Y Z
```

GLÄDJE   BÖCKER
VÄNNER   HAV
DYKNING   MUSIK
CAMPING   FRITID
MAT   STRAND
STJÄRNOR   MINNEN
FAMILJ   AVKOPPLING
HEM   SANDALER
TRÄDGÅRD   SEMESTER
SPEL   RESA

92 - Insectos

```
C N F J Ä R I L T O W B G S
B I Y L T E R M I T G Ö R V
Å A K C T M B Z N B C N Ä H
L G X A K U A U D L M S S A
G G B M D E N U B A W Y H H
E B S X L A L F W R M R O I
T E P V J E Y P U V Y S P A
I S U P T G E T I N G A P R
N H M Y R A U S D G G R A Z
G I A M L O P P A Z A T U V
N P S K A L B A G G E V E U
U S K X B L A D L U S R J S
T R O L L S L Ä N D A B F O
K A C K E R L A C K A T I F
```

BI	TROLLSLÄNDA
GETING	BÖNSYRSA
BÅLGETING	FJÄRIL
BLADLUS	NYCKELPIGA
CIKADA	MYGGA
KACKERLACKA	MAL
SKALBAGGE	LOPPA
MASK	GRÄSHOPPA
MYRA	TERMIT
LARV	

93 - Especias

```
W  E  S  S  A  L  T  R  P  T  L  T  S  A
P  E  P  P  A  R  X  A  T  C  S  J  Y  C
P  Y  F  S  N  F  W  R  S  O  U  K  P  U
A  V  B  F  I  S  F  M  Y  N  R  R  A  S
P  X  I  K  S  Ö  T  R  M  M  M  Y  R  J
R  Y  T  T  L  D  F  C  A  S  U  D  K  Y
I  Y  T  N  L  F  Ä  K  S  N  S  D  U  E
K  D  E  W  N  Ö  N  L  M  L  K  N  M  L
A  K  R  I  L  R  K  Ö  A  A  O  E  M  V
K  A  N  E  L  G  Å  K  K  K  T  J  I  A
R  C  L  J  D  N  L  V  E  R  W  L  N  N
M  I  N  G  E  F  Ä  R  A  I  V  I  A  I
G  F  H  W  W  A  B  Y  L  T  N  K  B  L
J  N  A  M  D  B  Z  G  E  S  S  A  Y  J
```

SUR	SÖT
VITLÖK	FÄNKÅL
BITTER	INGEFÄRA
ANIS	MUSKOT
SAFFRAN	PAPRIKA
KANEL	PEPPAR
LÖK	LAKRITS
KRYDDNEJLIKA	SMAK
KUMMIN	SALT
CURRY	VANILJ

94 - Emociones

```
S  B  Ö  I  A  G  L  Ä  D  J  E  R  A  Z
Y  X  I  M  S  S  F  U  I  X  G  J  V  T
M  J  L  T  H  V  X  R  G  A  G  N  S  A
P  T  S  E  R  E  R  P  D  N  E  L  L  C
A  J  K  U  D  G  T  D  G  P  N  Ä  A  K
T  D  A  Z  S  A  L  I  G  H  E  T  P  S
I  N  N  E  H  Å  L  L  H  R  R  T  P  A
Z  U  P  P  H  E  T  S  A  D  A  N  N  M
S  Y  F  K  F  T  F  J  B  N  D  A  A  P
R  D  R  Ä  D  S  L  A  Y  S  T  D  D  V
Ö  V  E  R  R  A  S  K  N  I  N  G  Y  E
D  R  D  L  C  L  L  Z  Ö  E  K  I  A  V
O  M  R  E  S  O  R  G  J  E  C  V  S  W
X  Z  J  K  N  J  T  A  D  K  V  Z  X  G
```

LEDA	RÄDSLA
TACKSAM	FRED
GLÄDJE	AVSLAPPNAD
LÄTTNAD	NÖJD
KÄRLEK	SYMPATI
GENERAD	ÖVERRASKNING
SALIGHET	ÖMHET
INNEHÅLL	LUGN
UPPHETSAD	SORG
ILSKA	

95 - Mediciones

```
U  L  B  A  L  L  V  M  V  O  L  Y  M  M
L  Ä  Y  H  U  L  D  E  C  I  M  A  L  I
V  N  L  W  L  N  H  T  U  M  K  V  V  N
T  G  R  A  M  W  S  E  Z  M  Z  T  A  U
K  D  J  U  P  H  B  R  E  D  D  X  N  T
C  I  G  R  A  D  Y  L  I  T  E  R  I  O
G  W  L  C  E  N  T  I  M  E  T  E  R  N
O  E  T  O  O  I  E  J  A  U  I  C  L  Z
K  B  W  C  G  T  H  R  S  O  T  J  P  M
G  S  Y  L  H  R  U  M  S  Y  H  H  H  X
W  S  V  D  O  N  A  K  A  X  M  A  E  E
A  E  J  X  O  P  P  M  C  R  Z  L  E  C
K  M  P  Z  O  G  D  E  T  M  D  P  Z  W
K  I  L  O  M  E  T  E  R  H  Ö  J  D  B
```

HÖJD	LÄNGD
BREDD	MASSA
BYTE	METER
CENTIMETER	MINUT
DECIMAL	UNS
GRAD	VIKT
GRAM	DJUP
KILOGRAM	TUM
KILOMETER	TON
LITER	VOLYM

96 - Barcos

```
H N N L F K B Z X F U J F O
A Y A C H T W B S M R K L Z
V A D U M Z O S Z M M X O Y
S J Ö M A N A U T I S K T S
R F I G S E G E L B Å T T W
N Ä R J T G Y O X O H T E C
K R F E B E S Ä T T N I N G
P J I L P F J L E K T D M C
K A B T O W Ö I S G Y V O K
K A N O T D T V G F W A T B
A E C F J D B B V D A T O I
J A N K A R E Å I I J T R M
A B B C U B T T U O M E N A
K V Å G O R R G W X N N O N
```

ANKARE	TIDVATTEN
FLOTTE	SJÖMAN
LIVBÅT	MAST
BOJ	MOTOR
KANOT	NAUTISK
REP	VÅGOR
FÄRJA	FLOD
KAJAK	BESÄTTNING
SJÖ	SEGELBÅT
HAV	YACHT

97 - Antártida

```
E  X  P  E  D  I  T  I  O  N  K  L  V  R
M  I  G  R  A  T  I  O  N  H  G  I  O  T
V  Z  J  O  P  M  R  M  S  T  E  N  I  G
F  O  R  S  K  A  R  E  J  G  H  P  V  W
V  E  T  E  N  S  K  A  P  L  I  G  I  K
M  M  P  O  G  E  O  G  R  A  F  I  K  V
F  O  I  I  N  P  N  P  A  C  U  L  V  A
Å  M  L  N  N  K  O  N  T  I  N  E  N  T
G  S  Y  N  E  G  B  H  I  Ä  Ö  A  R  T
L  U  H  F  C  R  V  B  S  R  P  M  K  E
A  N  A  U  N  Z  A  I  B  E  V  H  H  N
R  K  L  K  D  Y  W  L  N  R  X  O  I  T
B  E  V  A  R  A  N  D  E  E  T  I  W  R
W  F  Ö  I  X  F  O  L  L  R  R  R  U  W
```

VATTEN	FORSKARE
VIK	ÖAR
VETENSKAPLIG	MIGRATION
BEVARANDE	MINERALER
KONTINENT	MOLN
EXPEDITION	FÅGLAR
GEOGRAFI	HALVÖ
GLACIÄRER	PINGVINER
IS	STENIG

98 - Piratas

```
X  O  G  P  F  S  T  R  A  N  D  G  F  Z
U  A  U  C  A  K  O  M  P  A  S  S  L  B
M  J  L  E  R  P  Z  Y  E  B  K  L  A  N
A  E  D  B  A  R  E  H  F  K  A  S  G  N
L  L  C  F  W  F  N  G  V  M  T  V  G  Z
N  M  C  V  T  N  U  N  O  A  T  Ä  A  A
O  K  A  R  T  A  M  A  U  J  N  R  J  Y
K  R  A  S  U  D  Å  L  I  G  A  D  N  I
M  O  N  P  B  E  S  Ä  T  T  N  I  N  G
Y  M  K  P  T  Ö  S  Ä  V  E  N  T  Y  R
N  V  A  N  A  E  G  R  O  T  T  A  K  M
T  I  R  X  J  F  N  R  C  P  N  I  U  I
P  L  E  G  E  N  D  F  T  F  A  S  P  F
G  C  C  B  P  F  R  S  E  W  L  A  B  P
```

ANKARE	DÅLIG
ÄVENTYR	KARTA
FLAGGA	MYNT
KOMPASS	GULD
KAPTEN	FARA
ÄRR	STRAND
GROTTA	ROM
SVÄRD	SKATT
LEGEND	BESÄTTNING
PAPEGOJA	

99 - Mamíferos

```
E  G  G  P  H  M  K  F  U  F  Å  R  U  M
L  O  B  N  R  L  H  Ä  S  T  S  Ä  H  X
E  R  R  U  G  Ä  X  I  N  T  N  V  A  E
F  I  G  T  Y  K  R  P  U  G  A  V  P  H
A  L  A  X  D  A  C  I  Z  K  U  Z  Z  D
N  L  P  X  E  M  D  E  E  P  A  R  V  G
T  A  A  Y  L  E  L  A  B  V  I  T  U  I
A  J  X  B  F  L  I  B  R  A  A  Y  T  R
X  T  C  O  I  E  G  D  A  L  M  R  S  A
B  J  Ö  R  N  W  U  F  H  U  T  G  F
B  U  V  S  P  F  M  E  D  Z  E  N  E  F
M  R  A  T  I  R  T  K  L  F  A  A  I  B
T  M  R  E  F  N  N  C  V  V  M  Z  A  M
P  H  G  K  A  N  I  N  H  U  N  D  G  L
```

VAL	KATT
ÅSNA	GORILLA
HÄST	GIRAFF
KAMEL	VARG
KÄNGURU	APA
ZEBRA	BJÖRN
KANIN	FÅR
PRÄRIEVARG	HUND
DELFIN	TJUR
ELEFANT	RÄV

100 - Abejas

```
T A N Z S A E B Z I M P D V
F R U K T H G L X V Å O R Ä
D F Ä V A X H O S Z N L O L
I H U D M S C M E N G L T G
R Ö K Y G V Y M K H F I T Ö
R K O D B Å T O O N A N N R
T P A C D Y R R S O L A I A
K O H I C G Z D Y V D T N N
B L O M M A K W S Ä Ä O G D
I L N O B J L F T X W R J E
K E U K G I D B E T X M M G
U N N L R L P H M E G E G S
P L G F V I N G A R S J I P
A U R I N S E K T X V I U J
```

VINGAR	FRUKT
VÄLGÖRANDE	RÖK
VAX	INSEKT
BIKUPA	TRÄDGÅRD
MAT	HONUNG
MÅNGFALD	VÄXTER
EKOSYSTEM	POLLEN
SVÄRM	POLLINATOR
BLOMMA	DROTTNING
BLOMMOR	SOL

1 - Ajedrez

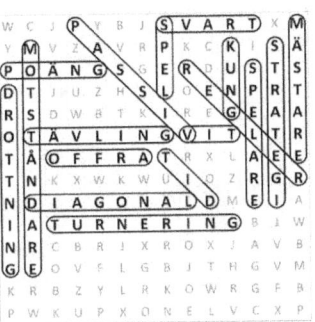

2 - Agua

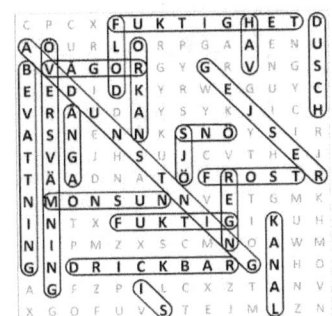

3 - Granja #2

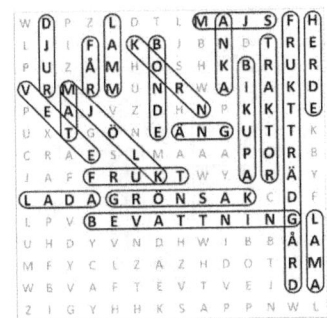

4 - Mueble

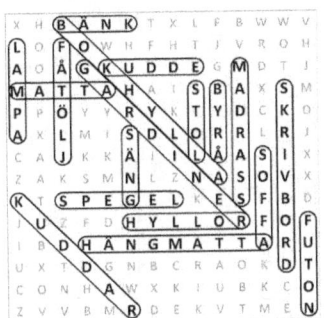

5 - Pesca

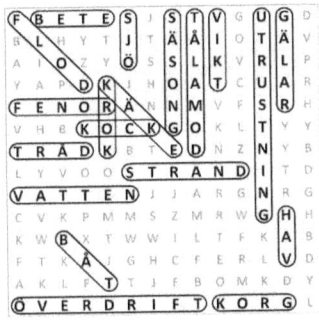

6 - Aviones

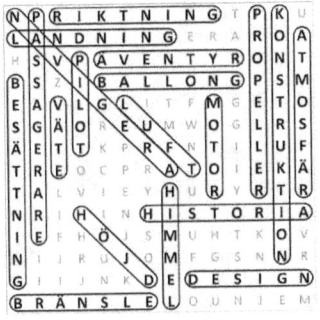

7 - Tipos de Cabello

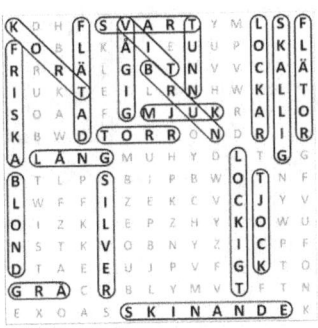

8 - Herramientas de Cocina

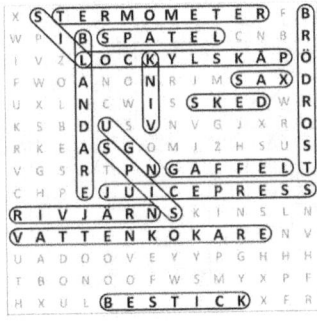

9 - Ciencia Ficción

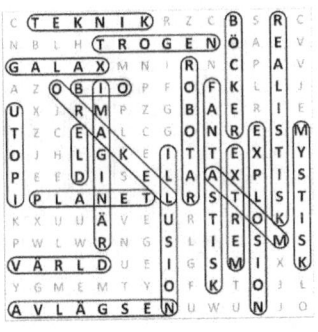

10 - Juguetes

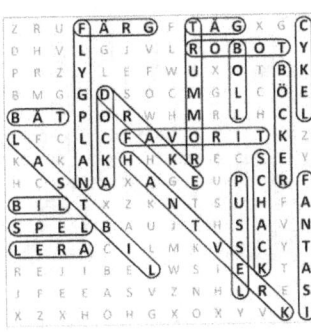

11 - Circo

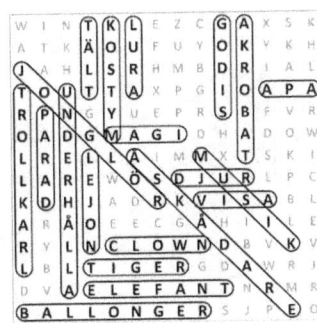

12 - Granja #1

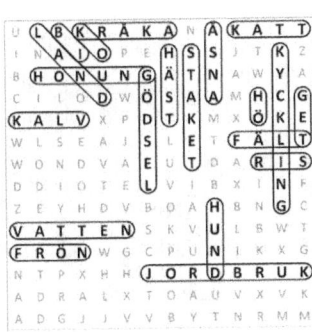

13 - Camping

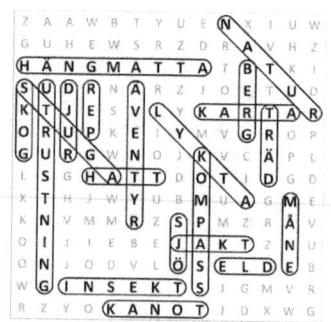

14 - Fruta

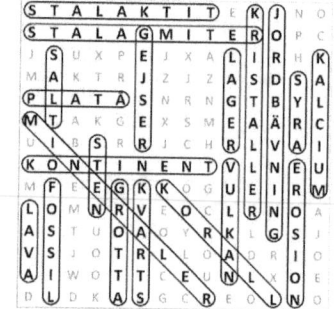

15 - Geología

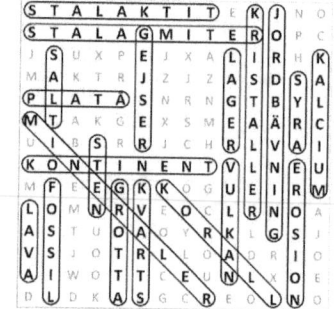

16 - Plantas

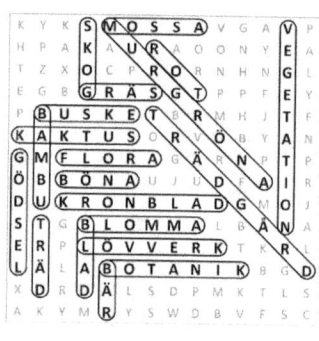

17 - Suministros de Arte

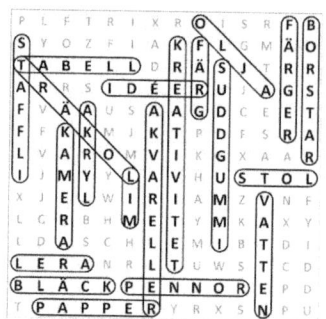

18 - Jardín

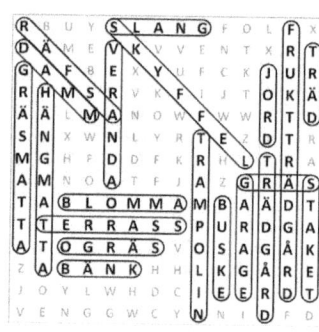

19 - Países #2

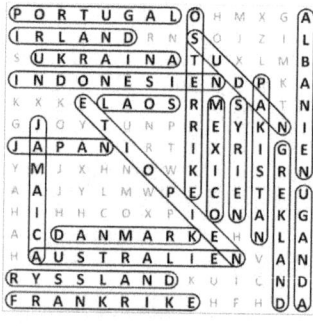

20 - Tecnología

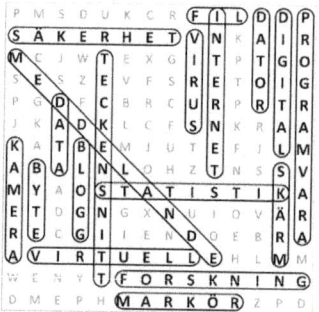

21 - Números

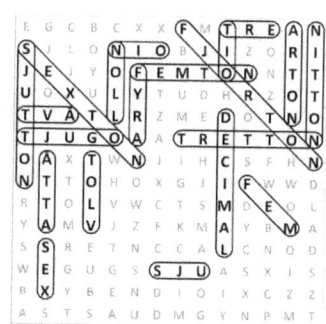

22 - Mitología

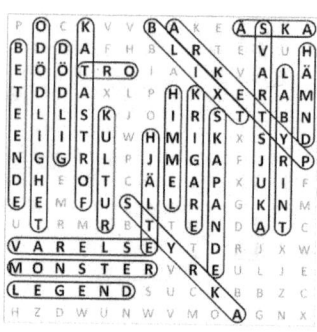

23 - Ecología

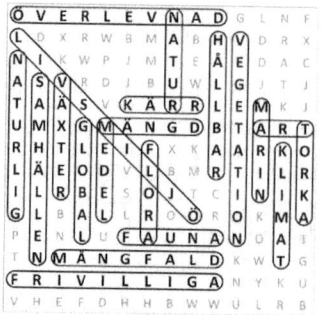

24 - Herramientas

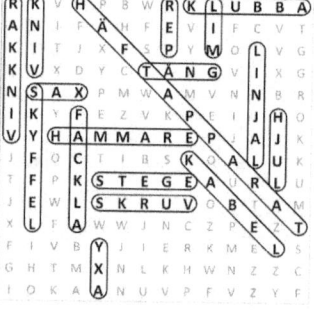

25 - Casa

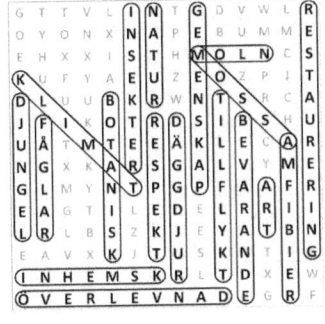

26 - Artes Visuales

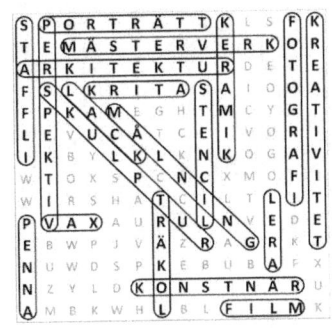

27 - Escuela #2

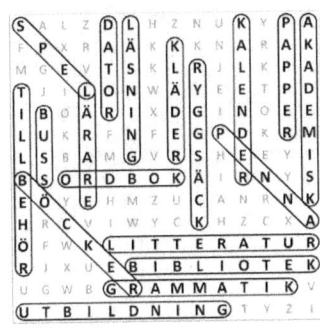

28 - Selva Tropical

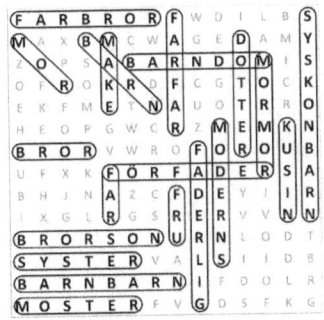

29 - Colores

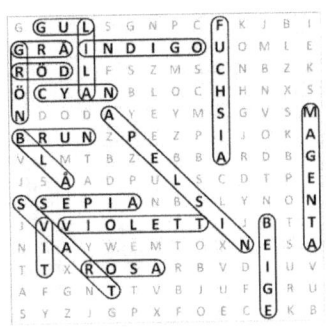

30 - Adjetivos #1

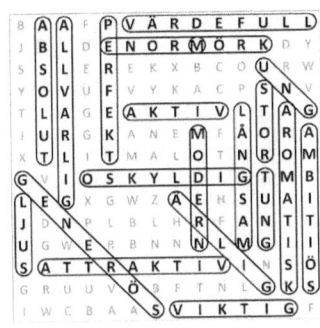

31 - Familia

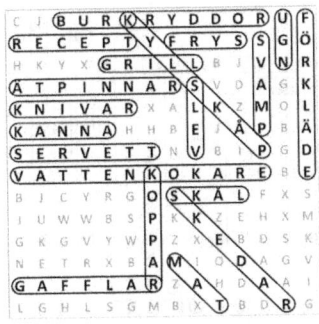

32 - Disciplinas Científicas

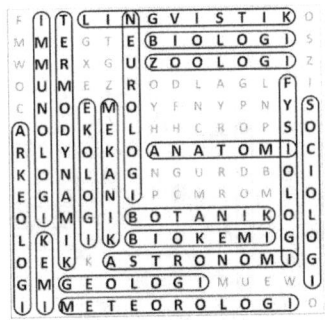

33 - Gatos

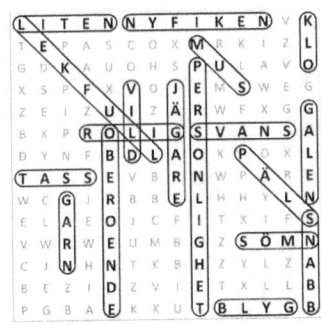

34 - Cocina

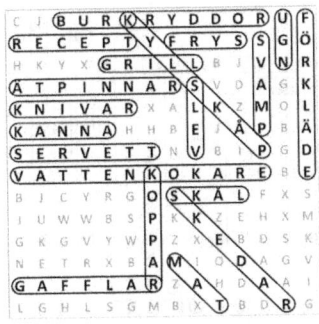

35 - Escuela #1

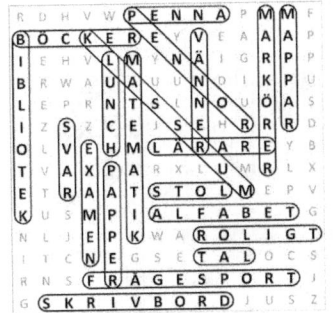

36 - Adjetivos #2

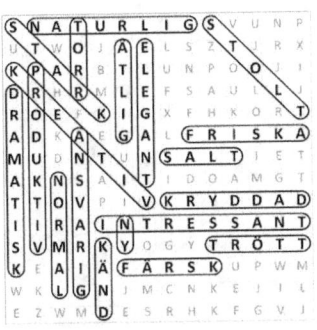

37 - Cuerpo Humano

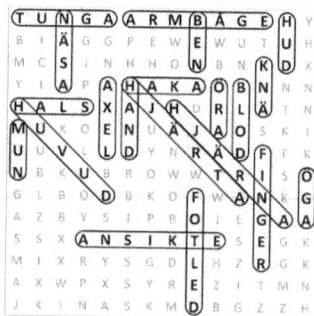

38 - Ciencia

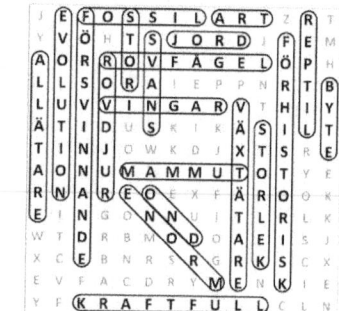

39 - Dinosaurios

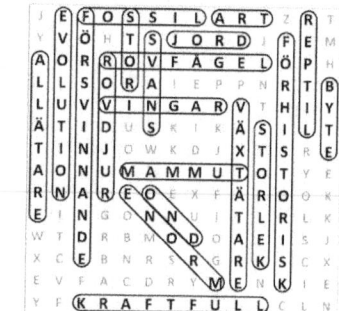

40 - Restaurante #2

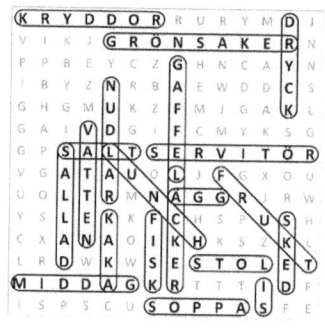

41 - Profesiones #1

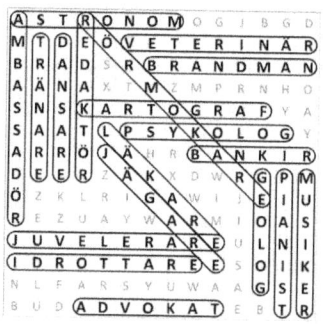

42 - Vehículos

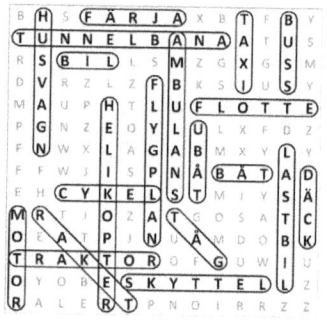

43 - Vacaciones #2

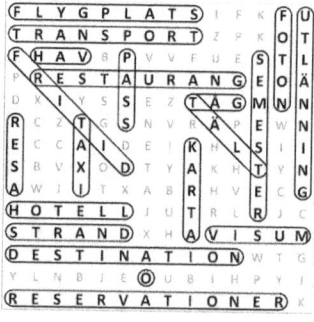

44 - Cumpleaños

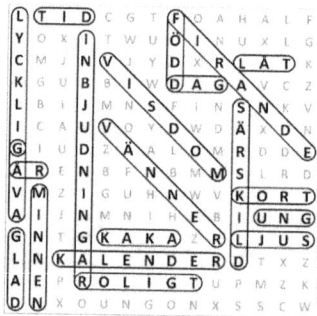

45 - Baile

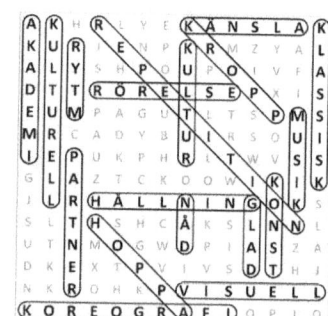

46 - Matemáticas

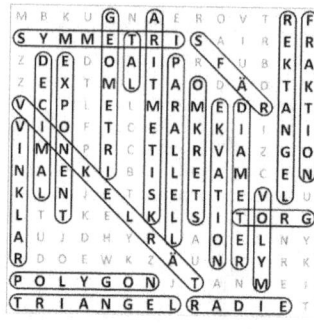

47 - Restaurante #1

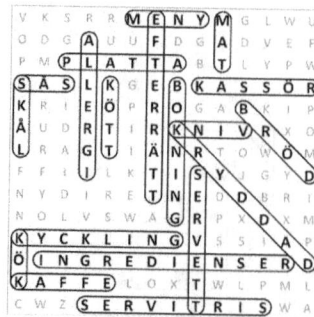

48 - Profesiones #2

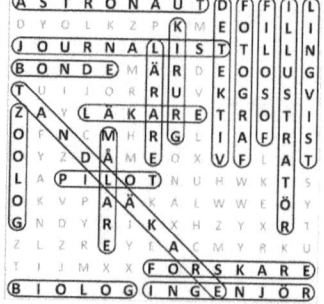

49 - Senderismo

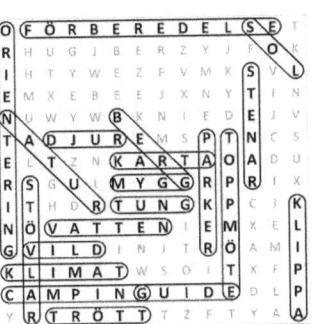

50 - Naturaleza

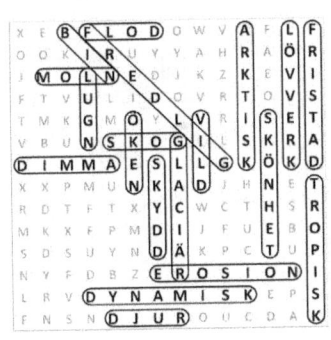

51 - Conduciendo

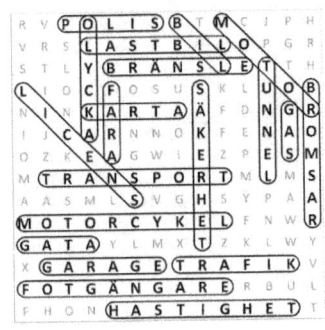

52 - Ballet

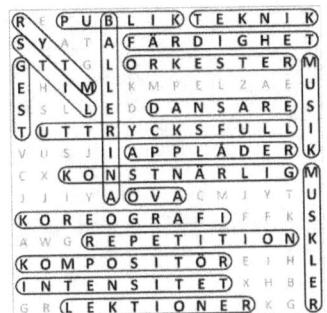

53 - Aventura

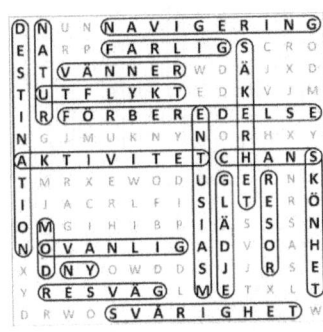

54 - Pájaros

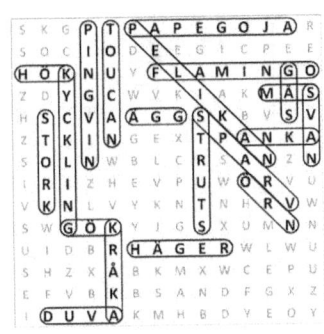

55 - Surf

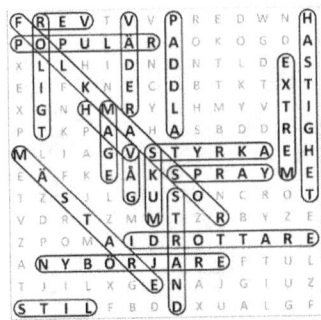

56 - Geografía

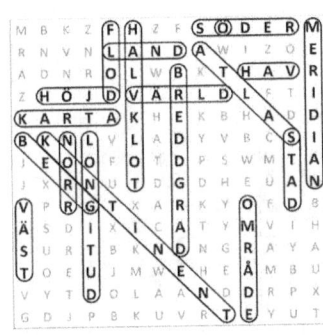

57 - Deportes

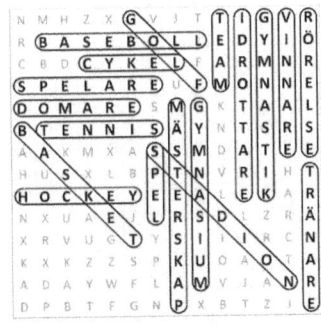

58 - Actividades

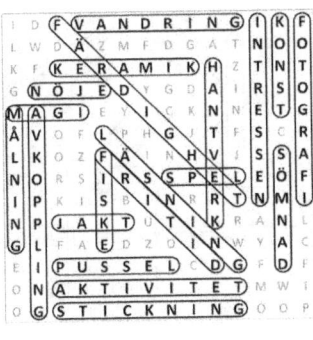

59 - Verduras

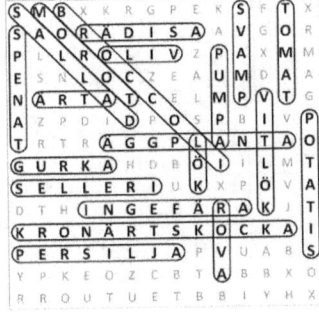

60 - Instrumentos Musicales

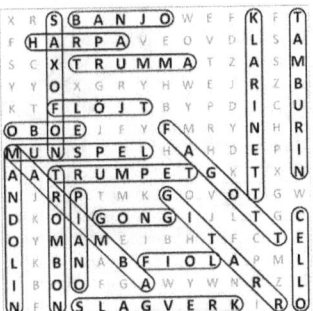

61 - Escalada

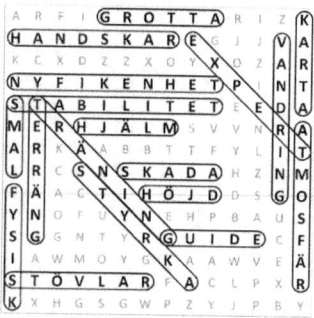

62 - Mascotas

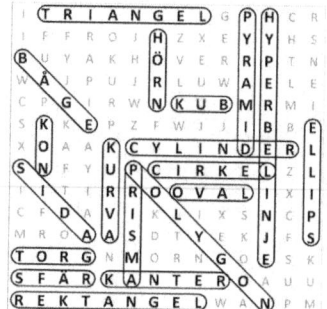

63 - Formas

64 - Flores

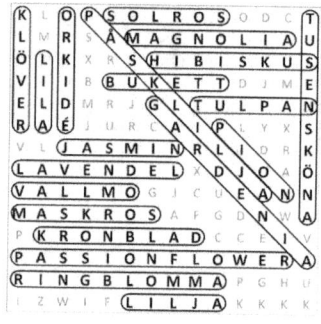

65 - Astronomía

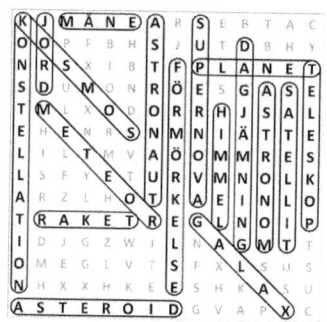

66 - Tiempo

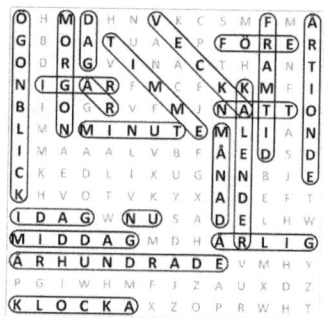

67 - Paisajes

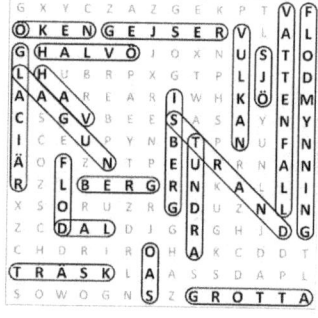

68 - Días y Meses

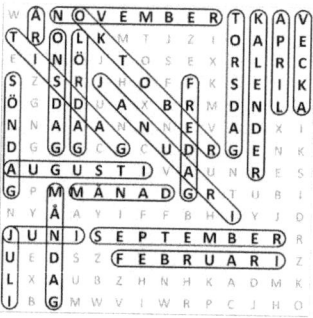

69 - Chocolate

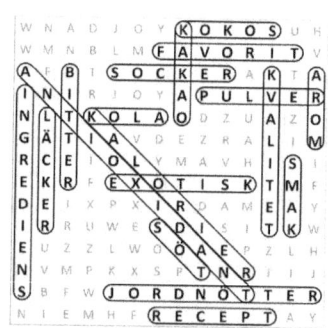

70 - Barbacoas

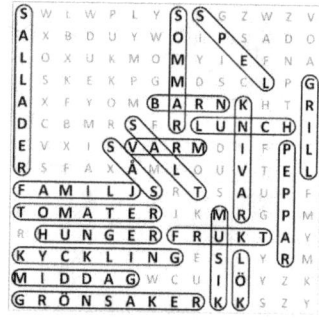

71 - Ropa

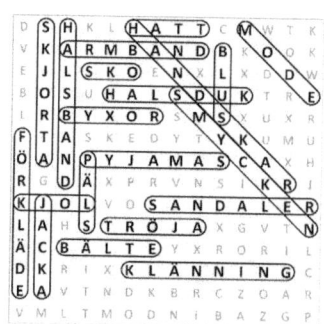

72 - Meditación

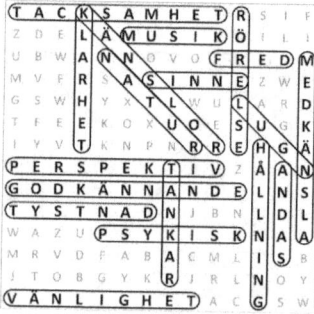

73 - Libros

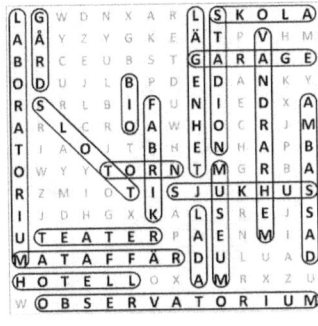

74 - Nutrición

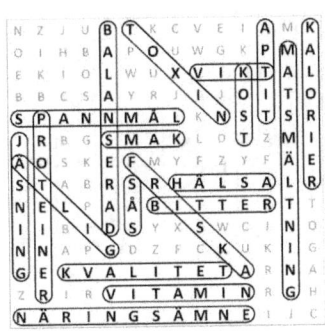

75 - Bondad

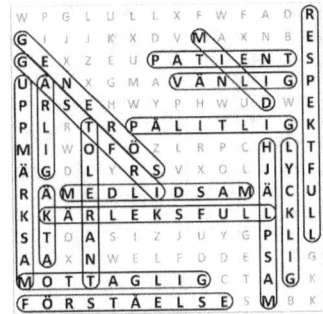

76 - Edificios

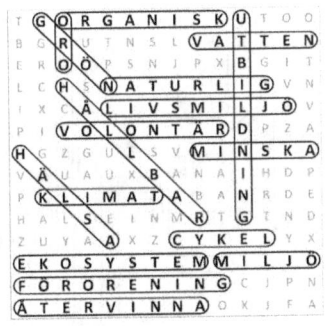

77 - Océano

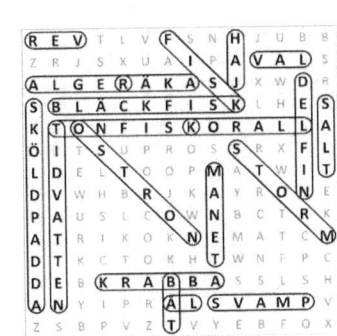

78 - Ciudad

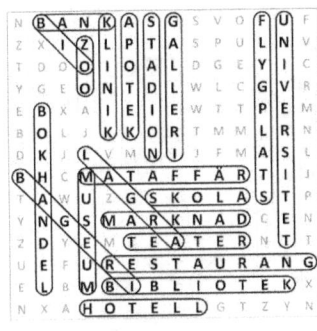

79 - Conservación

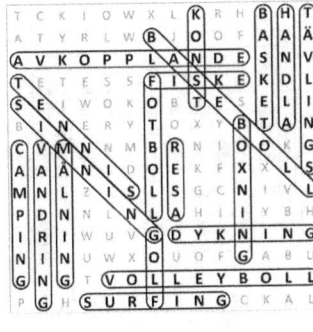

80 - Exploración

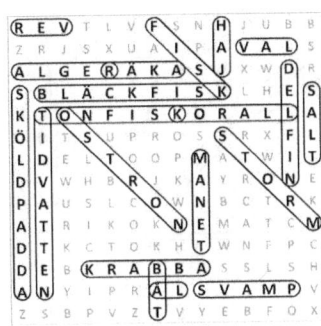

81 - Campeonato

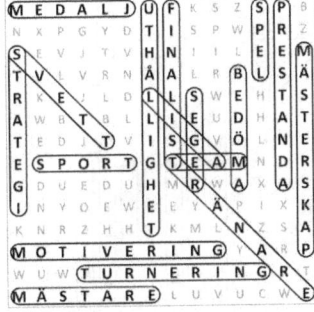

82 - Actividades y Ocio

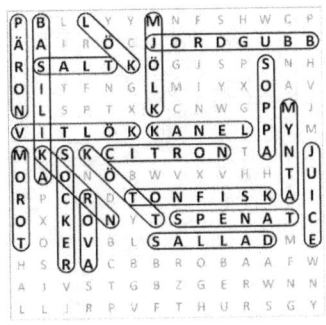

83 - Comida #1

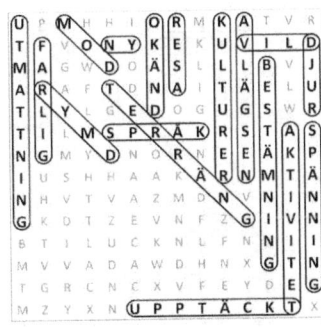

84 - Virtudes #1

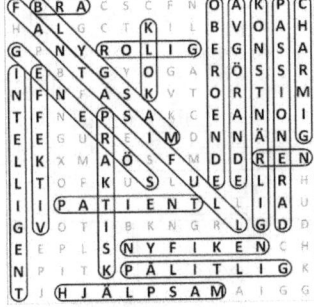

85 - Literatura

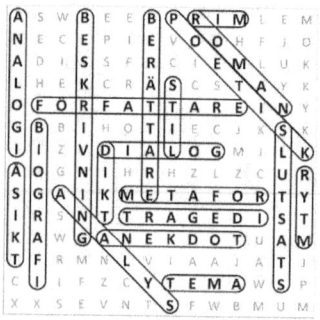

86 - Clima

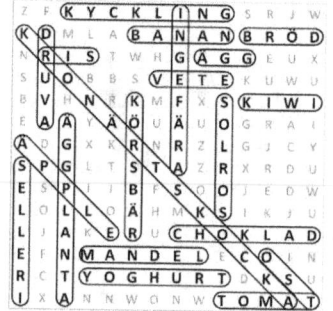

87 - Comida #2

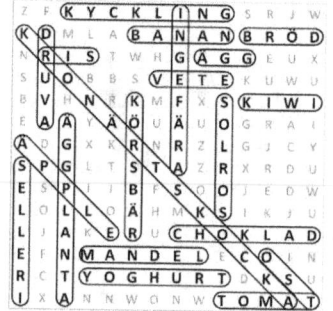

88 - Castillos

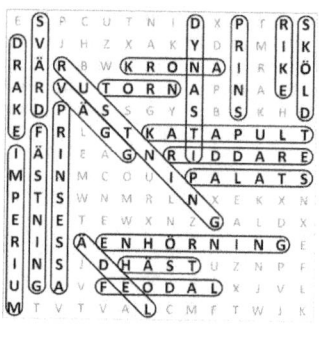

89 - Arte

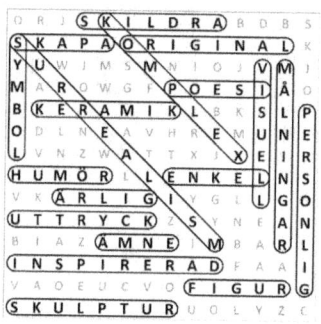

90 - Herboristería

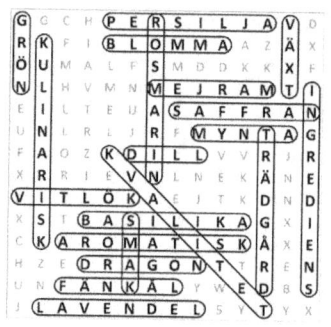

91 - Verano

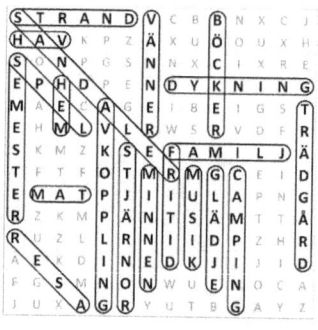

92 - Insectos

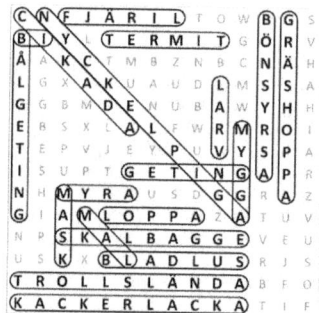

93 - Especias

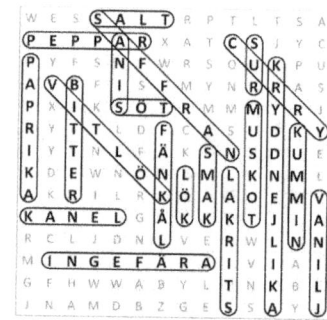

94 - Emociones

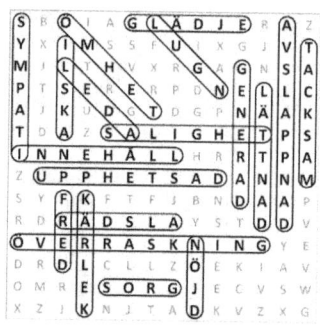

95 - Mediciones

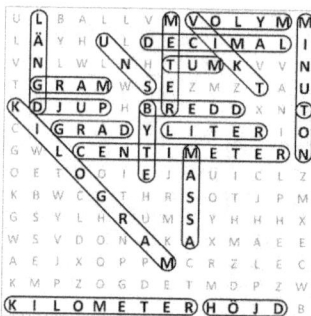

96 - Barcos

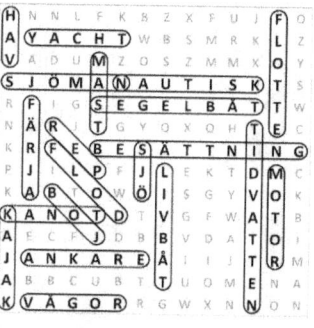

97 - Antártida

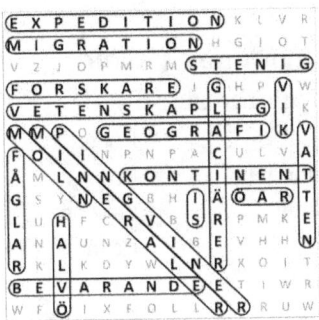

98 - Piratas

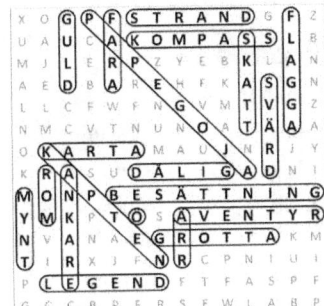

99 - Mamíferos

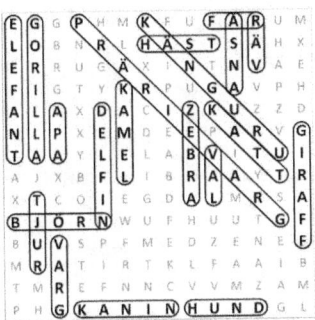

100 - Abejas

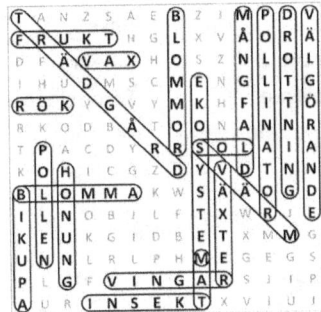

Diccionario

Abejas
Bin

Alas	Vingar
Beneficioso	Välgörande
Cera	Vax
Colmena	Bikupa
Comida	Mat
Diversidad	Mångfald
Ecosistema	Ekosystem
Enjambre	Svärm
Flor	Blomma
Flores	Blommor
Fruta	Frukt
Humo	Rök
Insecto	Insekt
Jardín	Trädgård
Miel	Honung
Plantas	Växter
Polen	Pollen
Polinizador	Pollinator
Reina	Drottning
Sol	Sol

Actividades
Aktiviteter

Actividad	Aktivitet
Arte	Konst
Artesanía	Hantverk
Caza	Jakt
Cerámica	Keramik
Costura	Sömnad
Fotografía	Fotografi
Habilidad	Färdighet
Intereses	Intressen
Juegos	Spel
Lectura	Läsning
Magia	Magi
Ocio	Fritid
Pesca	Fiske
Pintura	Målning
Placer	Nöje
Relajación	Avkoppling
Rompecabezas	Pussel
Senderismo	Vandring
Tejer	Stickning

Actividades y Ocio
Aktiviteter och Fritid

Arte	Konst
Baloncesto	Basket
Béisbol	Baseboll
Boxeo	Boxning
Buceo	Dykning
Camping	Camping
Carreras	Tävlings
Compras	Handla
Fútbol	Fotboll
Golf	Golf
Natación	Simning
Pesca	Fiske
Pintura	Målning
Relajante	Avkopplande
Senderismo	Vandring
Surf	Surfing
Tenis	Tennis
Viaje	Resa
Voleibol	Volleyboll

Adjetivos #1
Adjektiv #1

Absoluto	Absolut
Activo	Aktiv
Ambicioso	Ambitiös
Aromático	Aromatisk
Atractivo	Attraktiv
Brillante	Ljus
Enorme	Enorm
Generoso	Generös
Grande	Stor
Honesto	Ärlig
Importante	Viktig
Inocente	Oskyldig
Joven	Ung
Lento	Långsam
Moderno	Modern
Oscuro	Mörk
Perfecto	Perfekt
Pesado	Tung
Serio	Allvarlig
Valioso	Värdefull

Adjetivos #2
Adjektiv #2

Cansado	Trött
Comestible	Ätlig
Creativo	Kreativ
Descriptivo	Beskrivande
Dramático	Dramatisk
Elegante	Elegant
Famoso	Känd
Fresco	Färsk
Fuerte	Stark
Interesante	Intressant
Natural	Naturlig
Normal	Normal
Nuevo	Ny
Orgulloso	Stolt
Picante	Kryddad
Productivo	Produktiv
Responsable	Ansvarig
Salado	Salt
Saludable	Friska
Seco	Torr

Agua
Vatten

Canal	Kanal
Ducha	Dusch
Evaporación	Avdunstning
Géiser	Gejser
Helada	Frost
Hielo	Is
Humedad	Fuktighet
Huracán	Orkan
Húmedo	Fuktig
Inundación	Översvämning
Lago	Sjö
Lluvia	Regn
Monzón	Monsun
Nieve	Snö
Océano	Hav
Olas	Vågor
Potable	Drickbar
Riego	Bevattning
Río	Flod
Vapor	Ånga

Ajedrez
Schack

Blanco	Vit
Campeón	Mästare
Concurso	Tävling
Diagonal	Diagonal
Estrategia	Strategi
Juego	Spel
Jugador	Spelare
Negro	Svart
Oponente	Motståndare
Pasivo	Passiv
Puntos	Poäng
Reglas	Regler
Reina	Drottning
Rey	Kung
Sacrificio	Offra
Tiempo	Tid
Torneo	Turnering

Antártida
Antarktis

Agua	Vatten
Bahía	Vik
Científico	Vetenskaplig
Conservación	Bevarande
Continente	Kontinent
Expedición	Expedition
Geografía	Geografi
Glaciares	Glaciärer
Hielo	Is
Investigador	Forskare
Islas	Öar
Migración	Migration
Minerales	Mineraler
Nubes	Moln
Pájaros	Fåglar
Península	Halvö
Pingüinos	Pingviner
Rocoso	Stenig
Temperatura	Temperatur
Topografía	Topografi

Arte
Konst

Cerámica	Keramik
Complejo	Komplex
Crear	Skapa
Escultura	Skulptur
Expresión	Uttryck
Figura	Figur
Honesto	Ärlig
Humor	Humör
Inspirado	Inspirerad
Original	Original
Personal	Personlig
Pinturas	Målningar
Poesía	Poesi
Retratar	Skildra
Sencillo	Enkel
Símbolo	Symbol
Surrealismo	Surrealism
Tema	Ämne
Visual	Visuell

Artes Visuales
Visuella Konsterna

Arcilla	Lera
Arquitectura	Arkitektur
Artista	Konstnär
Barniz	Lack
Caballete	Staffli
Carbón	Träkol
Cera	Vax
Cerámica	Keramik
Creatividad	Kreativitet
Escultura	Skulptur
Fotografía	Fotografi
Lápiz	Penna
Obra Maestra	Mästerverk
Película	Film
Perspectiva	Perspektiv
Pintura	Målning
Plantilla	Stencil
Retrato	Porträtt
Tiza	Krita

Astronomía
Astronomi

Asteroide	Asteroid
Astronauta	Astronaut
Astrónomo	Astronom
Cielo	Himmel
Cohete	Raket
Constelación	Konstellation
Cosmos	Kosmos
Eclipse	Förmörkelse
Equinoccio	Dagjämning
Galaxia	Galax
Luna	Måne
Meteoro	Meteor
Observatorio	Observatorium
Planeta	Planet
Radiación	Strålning
Satélite	Satellit
Supernova	Supernova
Telescopio	Teleskop
Tierra	Jord
Universo	Universum

Aventura
Äventyr

Actividad	Aktivitet
Alegría	Glädje
Amigos	Vänner
Belleza	Skönhet
Destino	Destination
Dificultad	Svårighet
Entusiasmo	Entusiasm
Excursión	Utflykt
Inusual	Ovanlig
Itinerario	Resväg
Naturaleza	Natur
Navegación	Navigering
Nuevo	Ny
Oportunidad	Chans
Peligroso	Farlig
Preparación	Förberedelse
Seguridad	Säkerhet
Sorprendente	Överraskande
Valentía	Mod
Viajes	Resor

Aviones
Flygplan

Aire	Luft
Altura	Höjd
Aterrizaje	Landning
Atmósfera	Atmosfär
Aventura	Äventyr
Cielo	Himmel
Combustible	Bränsle
Construcción	Konstruktion
Dirección	Riktning
Diseño	Design
Globo	Ballong
Hélices	Propeller
Hidrógeno	Väte
Historia	Historia
Motor	Motor
Navegar	Navigera
Pasajero	Passagerare
Piloto	Pilot
Tripulación	Besättning
Turbulencia	Turbulens

Baile
Dansa

Academia	Akademi
Alegre	Glad
Arte	Konst
Clásico	Klassisk
Coreografía	Koreografi
Cuerpo	Kropp
Cultura	Kultur
Cultural	Kulturell
Emoción	Känsla
Ensayo	Repetition
Expresivo	Uttrycksfull
Gracia	Nåd
Movimiento	Rörelse
Música	Musik
Postura	Hållning
Ritmo	Rytm
Saltar	Hoppa
Socio	Partner
Tradicional	Traditionell
Visual	Visuell

Ballet
Balett

Aplauso	Applåder
Artístico	Konstnärlig
Audiencia	Publik
Bailarina	Ballerina
Bailarines	Dansare
Compositor	Kompositör
Coreografía	Koreografi
Ensayo	Repetition
Estilo	Stil
Expresivo	Uttrycksfull
Gesto	Gest
Habilidad	Färdighet
Intensidad	Intensitet
Lecciones	Lektioner
Músculos	Muskler
Música	Musik
Orquesta	Orkester
Práctica	Öva
Ritmo	Rytm
Técnica	Teknik

Barbacoas
Grillar

Almuerzo	Lunch
Caliente	Varm
Cebollas	Lök
Cena	Middag
Cuchillos	Knivar
Ensaladas	Sallader
Familia	Familj
Fruta	Frukt
Hambre	Hunger
Juegos	Spel
Música	Musik
Niños	Barn
Parrilla	Grill
Pimienta	Peppar
Pollo	Kyckling
Sal	Salt
Salsa	Sås
Tomates	Tomater
Verano	Sommar
Verduras	Grönsaker

Barcos
Båtar

Ancla	Ankare
Balsa	Flotte
Bote Salvavidas	Livbåt
Boya	Boj
Canoa	Kanot
Cuerda	Rep
Ferry	Färja
Kayak	Kajak
Lago	Sjö
Mar	Hav
Marea	Tidvatten
Marinero	Sjöman
Mástil	Mast
Motor	Motor
Náutico	Nautisk
Olas	Vågor
Río	Flod
Tripulación	Besättning
Velero	Segelbåt
Yate	Yacht

Bondad
Vänlighet

Amistoso	Vänlig
Amoroso	Kärleksfull
Atento	Uppmärksam
Compasivo	Medlidsam
Comprensión	Förståelse
Feliz	Lycklig
Fiable	Pålitlig
Generoso	Generös
Genuino	Äkta
Honesto	Ärlig
Hospitalario	Gästfri
Paciente	Patient
Receptivo	Mottaglig
Respetuoso	Respektfull
Suave	Mild
Tolerante	Tolerant
Útil	Hjälpsam

Campeonato
Mästerskap

Campeonato	Mästerskap
Campeón	Mästare
Deportes	Sport
Entrenador	Tränare
Equipo	Team
Estrategia	Strategi
Finalista	Finalist
Juegos	Spel
Juez	Bedöma
Liga	Liga
Medalla	Medalj
Motivación	Motivering
Rendimiento	Prestanda
Resistencia	Uthållighet
Torneo	Turnering
Transpiración	Svett
Victoria	Seger

Camping
Camping

Animales	Djur
Aventura	Äventyr
Árboles	Träd
Bosque	Skog
Brújula	Kompass
Cabina	Stuga
Canoa	Kanot
Caza	Jakt
Cuerda	Rep
Equipo	Utrustning
Fuego	Eld
Hamaca	Hängmatta
Insecto	Insekt
Lago	Sjö
Linterna	Lykta
Luna	Måne
Mapa	Karta
Montaña	Berg
Naturaleza	Natur
Sombrero	Hatt

Casa
Hus

Alfombra	Matta
Ático	Vind
Biblioteca	Bibliotek
Chimenea	Skorsten
Cocina	Kök
Dormitorio	Sovrum
Ducha	Dusch
Escoba	Kvast
Espejo	Spegel
Garaje	Garage
Grifo	Kran
Jardín	Trädgård
Lámpara	Lampa
Pared	Vägg
Piso	Golv
Puerta	Dörr
Sótano	Källare
Techo	Tak
Valla	Staket
Ventana	Fönster

Castillos
Slott

Armadura	Rustning
Caballero	Riddare
Caballo	Häst
Catapulta	Katapult
Corona	Krona
Dinastía	Dynasti
Dragón	Drake
Escudo	Sköld
Espada	Svärd
Feudal	Feodal
Fortaleza	Fästning
Imperio	Imperium
Noble	Ädel
Palacio	Palats
Pared	Vägg
Princesa	Prinsessa
Príncipe	Prins
Reino	Rike
Torre	Torn
Unicornio	Enhörning

Chocolate
Choklad

Amargo	Bitter
Antioxidante	Antioxidant
Aroma	Arom
Azúcar	Socker
Cacahuetes	Jordnötter
Cacao	Kakao
Calidad	Kvalitet
Calorías	Kalorier
Caramelo	Kola
Coco	Kokos
Delicioso	Läcker
Dulce	Söt
Exótico	Exotisk
Favorito	Favorit
Gusto	Smak
Ingrediente	Ingrediens
Polvo	Pulver
Receta	Recept

Ciencia
Vetenskap

Átomo	Atom
Científico	Forskare
Clima	Klimat
Datos	Data
Evolución	Evolution
Experimento	Experiment
Física	Fysik
Fósil	Fossil
Gravedad	Allvar
Hecho	Faktum
Hipótesis	Hypotes
Laboratorio	Laboratorium
Método	Metod
Minerales	Mineraler
Moléculas	Molekyler
Naturaleza	Natur
Organismo	Organism
Partículas	Partiklar
Plantas	Växter
Químico	Kemisk

Ciencia Ficción
Science Fiction

Atómico	Atom
Cine	Bio
Distante	Avlägsen
Explosión	Explosion
Extremo	Extrem
Fantástico	Fantastisk
Fuego	Eld
Futurista	Trogen
Galaxia	Galax
Ilusión	Illusion
Imaginario	Imaginär
Libros	Böcker
Misterioso	Mystisk
Mundo	Värld
Oráculo	Orakel
Planeta	Planet
Realista	Realistisk
Robots	Robotar
Tecnología	Teknik
Utopía	Utopi

Circo
Cirkus

Acróbata	Akrobat
Animales	Djur
Caramelo	Godis
Carpa	Tält
Desfile	Parad
Elefante	Elefant
Entretener	Underhålla
Espectador	Åskådare
Globos	Ballonger
León	Lejon
Magia	Magi
Mago	Trollkarl
Malabarista	Jonglör
Mono	Apa
Mostrar	Visa
Música	Musik
Payaso	Clown
Tigre	Tiger
Traje	Kostym
Truco	Lura

Ciudad
Staden

Aeropuerto	Flygplats
Banco	Bank
Biblioteca	Bibliotek
Cine	Bio
Clínica	Klinik
Escuela	Skola
Estadio	Stadion
Farmacia	Apotek
Galería	Galleri
Hotel	Hotell
Librería	Bokhandel
Mercado	Marknad
Museo	Museum
Panadería	Bageri
Restaurante	Restaurang
Supermercado	Mataffär
Teatro	Teater
Tienda	Lagra
Universidad	Universitet
Zoo	Zoo

Clima
Väder

Atmósfera	Atmosfär
Brisa	Bris
Cielo	Himmel
Clima	Klimat
Hielo	Is
Huracán	Orkan
Inundación	Översvämning
Monzón	Monsun
Niebla	Dimma
Nube	Moln
Polar	Polära
Rayo	Blixt
Seco	Torr
Sequía	Torka
Temperatura	Temperatur
Tormenta	Storm
Tornado	Tromb
Tropical	Tropisk
Trueno	Åska
Viento	Vind

Cocina
Kök

Caldera	Vattenkokare
Comida	Mat
Congelador	Frys
Cucharas	Skedar
Cucharón	Slev
Cuchillos	Knivar
Delantal	Förkläde
Especias	Kryddor
Esponja	Svamp
Horno	Ugn
Jarra	Kanna
Palillos	Ätpinnar
Parrilla	Grill
Receta	Recept
Refrigerador	Kylskåp
Servilleta	Servett
Tarro	Burk
Tazas	Koppar
Tazón	Skål
Tenedores	Gafflar

Colores
Färger

Amarillo	Gul
Azul	Blå
Beige	Beige
Blanco	Vit
Cian	Cyan
Fucsia	Fuchsia
Gris	Grå
Índigo	Indigo
Magenta	Magenta
Marrón	Brun
Naranja	Apelsin
Negro	Svart
Púrpura	Lila
Rojo	Röd
Rosa	Rosa
Sepia	Sepia
Verde	Grön
Violeta	Violett

Comida #1
Mat #1

Ajo	Vitlök
Albahaca	Basilika
Atún	Tonfisk
Azúcar	Socker
Canela	Kanel
Carne	Kött
Cebada	Korn
Cebolla	Lök
Ensalada	Sallad
Espinacas	Spenat
Fresa	Jordgubb
Jugo	Juice
Leche	Mjölk
Limón	Citron
Menta	Mynta
Nabo	Rova
Pera	Päron
Sal	Salt
Sopa	Soppa
Zanahoria	Morot

Comida #2
Mat #2

Alcachofa	Kronärtskocka
Almendra	Mandel
Apio	Selleri
Arroz	Ris
Berenjena	Äggplanta
Cereza	Körsbär
Chocolate	Choklad
Girasol	Solros
Huevo	Ägg
Jengibre	Ingefära
Kiwi	Kiwi
Manzana	Äpple
Pan	Bröd
Plátano	Banan
Pollo	Kyckling
Queso	Ost
Tomate	Tomat
Trigo	Vete
Uva	Druva
Yogur	Yoghurt

Conduciendo
Körning

Accidente	Olycka
Calle	Gata
Camión	Lastbil
Coche	Bil
Combustible	Bränsle
Frenos	Bromsar
Garaje	Garage
Gas	Gas
Licencia	Licens
Mapa	Karta
Motocicleta	Motorcykel
Motor	Motor
Peatonal	Fotgängare
Peligro	Fara
Policía	Polis
Seguridad	Säkerhet
Transporte	Transport
Tráfico	Trafik
Túnel	Tunnel
Velocidad	Hastighet

Conservación
Bevarande

Agua	Vatten
Ambiental	Miljö
Ciclo	Cykel
Clima	Klimat
Contaminación	Förorening
Ecosistema	Ekosystem
Educación	Utbildning
Hábitat	Livsmiljö
Natural	Naturlig
Orgánico	Organisk
Preocupación	Oro
Reciclar	Återvinna
Reducir	Minska
Salud	Hälsa
Sostenible	Hållbar
Verde	Grön
Voluntario	Volontär

Cuerpo Humano
Människokroppen

Barbilla	Haka
Boca	Mun
Cabeza	Huvud
Cara	Ansikte
Cerebro	Hjärna
Codo	Armbåge
Corazón	Hjärta
Cuello	Hals
Dedo	Finger
Hombro	Axel
Lengua	Tunga
Mano	Hand
Nariz	Näsa
Ojo	Öga
Oreja	Öra
Piel	Hud
Pierna	Ben
Rodilla	Knä
Sangre	Blod
Tobillo	Fotled

Cumpleaños
Födelsedag

Alegre	Glad
Amigos	Vänner
Año	År
Calendario	Kalender
Canción	Låt
Celebración	Firande
Diversión	Roligt
Día	Dag
Especial	Särskild
Feliz	Lycklig
Invitaciones	Inbjudningar
Joven	Ung
Nacer	Född
Pastel	Kaka
Recuerdos	Minnen
Regalo	Gåva
Sabiduría	Visdom
Tarjetas	Kort
Tiempo	Tid
Velas	Ljus

Deportes
Sporter

Atleta	Idrottare
Árbitro	Domare
Baloncesto	Basket
Béisbol	Baseboll
Bicicleta	Cykel
Campeonato	Mästerskap
Entrenador	Tränare
Equipo	Team
Estadio	Stadion
Ganador	Vinnare
Gimnasia	Gymnastik
Gimnasio	Gymnasium
Golf	Golf
Hockey	Hockey
Juego	Spel
Jugador	Spelare
Movimiento	Rörelse
Tenis	Tennis

Dinosaurios
Dinosaurier

Alas	Vingar
Carnívoro	Rovdjur
Cola	Svans
Desaparición	Försvinnande
Enorme	Enorm
Especie	Art
Evolución	Evolution
Fósiles	Fossil
Grande	Stor
Herbívoro	Växtätare
Mamut	Mammut
Omnívoro	Allätare
Poderoso	Kraftfull
Prehistórico	Förhistorisk
Presa	Byte
Raptor	Rovfågel
Reptil	Reptil
Tamaño	Storlek
Tierra	Jord
Vicioso	Ond

Disciplinas Científicas
Vetenskapliga Discipliner

Anatomía	Anatomi
Arqueología	Arkeologi
Astronomía	Astronomi
Biología	Biologi
Bioquímica	Biokemi
Botánica	Botanik
Ecología	Ekologi
Fisiología	Fysiologi
Geología	Geologi
Inmunología	Immunologi
Lingüística	Lingvistik
Mecánica	Mekanik
Meteorología	Meteorologi
Mineralogía	Mineralogi
Neurología	Neurologi
Psicología	Psykologi
Química	Kemi
Sociología	Sociologi
Termodinámica	Termodynamik
Zoología	Zoologi

Días y Meses
Dagar och Månader

Abril	April
Agosto	Augusti
Año	År
Calendario	Kalender
Domingo	Söndag
Enero	Januari
Febrero	Februari
Jueves	Torsdag
Julio	Juli
Junio	Juni
Lunes	Måndag
Martes	Tisdag
Mes	Månad
Miércoles	Onsdag
Noviembre	November
Octubre	Oktober
Sábado	Lördag
Semana	Vecka
Septiembre	September
Viernes	Fredag

Ecología
Ekologi

Clima	Klimat
Comunidades	Samhällen
Diversidad	Mångfald
Especie	Art
Fauna	Fauna
Flora	Flora
Global	Global
Hábitat	Livsmiljö
Marino	Marin
Natural	Naturlig
Naturaleza	Natur
Pantano	Kärr
Plantas	Växter
Recursos	Medel
Sequía	Torka
Sostenible	Hållbar
Supervivencia	Överlevnad
Variedad	Mängd
Vegetación	Vegetation
Voluntarios	Frivilliga

Edificios
Byggnader

Albergue	Vandrarhem
Apartamento	Lägenhet
Castillo	Slott
Cine	Bio
Embajada	Ambassad
Escuela	Skola
Estadio	Stadion
Fábrica	Fabrik
Garaje	Garage
Granero	Lada
Granja	Gård
Hospital	Sjukhus
Hotel	Hotell
Laboratorio	Laboratorium
Museo	Museum
Observatorio	Observatorium
Supermercado	Mataffär
Teatro	Teater
Torre	Torn
Universidad	Universitet

Emociones
Känslor

Aburrimiento	Leda
Agradecido	Tacksam
Alegría	Glädje
Alivio	Lättnad
Amor	Kärlek
Avergonzado	Generad
Beatitud	Salighet
Bondad	Vänlighet
Contenido	Innehåll
Emocionado	Upphetsad
Ira	Ilska
Miedo	Rädsla
Paz	Fred
Relajado	Avslappnad
Satisfecho	Nöjd
Simpatía	Sympati
Sorpresa	Överraskning
Ternura	Ömhet
Tranquilidad	Lugn
Tristeza	Sorg

Escalada
Klättring

Altitud	Höjd
Atmósfera	Atmosfär
Botas	Stövlar
Casco	Hjälm
Cueva	Grotta
Curiosidad	Nyfikenhet
Estabilidad	Stabilitet
Estrecho	Smal
Experto	Expert
Físico	Fysisk
Formación	Träning
Fuerza	Styrka
Guantes	Handskar
Guías	Guide
Lesión	Skada
Mapa	Karta
Senderismo	Vandring
Terreno	Terräng

Escuela #1
Skola # 1

Alfabeto	Alfabet
Almuerzo	Lunch
Amigos	Vänner
Aula	Klassrum
Biblioteca	Bibliotek
Carpetas	Mappar
Diversión	Roligt
Escritorio	Skrivbord
Examen	Frågesport
Exámenes	Examen
Lápiz	Penna
Libros	Böcker
Marcadores	Markörer
Matemática	Matematik
Números	Tal
Papel	Papper
Plumas	Pennor
Profesor	Lärare
Respuestas	Svar
Silla	Stol

Escuela #2
Skola #2

Académico	Akademisk
Autobús	Buss
Biblioteca	Bibliotek
Calendario	Kalender
Ciencia	Vetenskap
Diccionario	Ordbok
Educación	Utbildning
Gramática	Grammatik
Juegos	Spel
Lápiz	Penna
Lectura	Läsning
Libros	Böcker
Literatura	Litteratur
Mochila	Ryggsäck
Ordenador	Dator
Papel	Papper
Profesor	Lärare
Ropa	Kläder
Suministros	Tillbehör
Tijeras	Sax

Especias
Kryddor

Agrio	Sur
Ajo	Vitlök
Amargo	Bitter
Anís	Anis
Azafrán	Saffran
Canela	Kanel
Cebolla	Lök
Clavo	Kryddnejlika
Comino	Kummin
Curry	Curry
Dulce	Söt
Hinojo	Fänkål
Jengibre	Ingefära
Nuez Moscada	Muskot
Pimentón	Paprika
Pimienta	Peppar
Regaliz	Lakrits
Sabor	Smak
Sal	Salt
Vainilla	Vanilj

Exploración
Prospektering

Actividad	Aktivitet
Agotamiento	Utmattning
Animales	Djur
Coraje	Mod
Culturas	Kulturer
Desconocido	Okänd
Descubrimiento	Upptäckt
Determinación	Bestämning
Distante	Avlägsen
Emoción	Spänning
Espacio	Rymd
Idioma	Språk
Nuevo	Ny
Peligroso	Farlig
Salvaje	Vild
Terreno	Terräng
Viaje	Resa

Familia
Familj

Abuela	Mormor
Abuelo	Farfar
Antepasado	Förfader
Esposa	Fru
Hermana	Syster
Hermano	Bror
Hija	Dotter
Infancia	Barndom
Madre	Mor
Marido	Make
Materno	Moderns
Nieto	Barnbarn
Niño	Barn
Padre	Far
Paterno	Faderlig
Primo	Kusin
Sobrina	Syskonbarn
Sobrino	Brorson
Tía	Moster
Tío	Farbror

Flores
Blommor

Amapola	Vallmo
Caléndula	Ringblomma
Diente de León	Maskros
Gardenia	Gardenia
Girasol	Solros
Hibisco	Hibiskus
Jazmín	Jasmin
Lavanda	Lavendel
Lila	Lila
Lirio	Lilja
Magnolia	Magnolia
Margarita	Tusensköna
Narciso	Påsklilja
Orquídea	Orkidé
Pasionaria	Passionflower
Peonía	Pion
Pétalo	Kronblad
Ramo	Bukett
Trébol	Klöver
Tulipán	Tulpan

Formas
Former

Arco	Båge
Bordes	Kanter
Cilindro	Cylinder
Círculo	Cirkel
Cono	Kon
Cuadrado	Torg
Cubo	Kub
Curva	Kurva
Elipse	Ellips
Esfera	Sfär
Esquina	Hörn
Hipérbola	Hyperbel
Lado	Sida
Línea	Linje
Oval	Oval
Pirámide	Pyramid
Polígono	Polygon
Prisma	Prisma
Rectángulo	Rektangel
Triángulo	Triangel

Fruta
Frukt

Aguacate	Avokado
Albaricoque	Aprikos
Baya	Bär
Cereza	Körsbär
Coco	Kokos
Frambuesa	Hallon
Guayaba	Guava
Kiwi	Kiwi
Limón	Citron
Mango	Mango
Manzana	Äpple
Melocotón	Persika
Melón	Melon
Naranja	Apelsin
Nectarina	Nektarin
Papaya	Papaya
Pera	Päron
Piña	Ananas
Plátano	Banan
Uva	Druva

Gatos
Katter

Cazador	Jägare
Cola	Svans
Curioso	Nyfiken
Dormir	Sömn
Garra	Klo
Gracioso	Rolig
Hilo	Garn
Independiente	Oberoende
Juguetón	Lekfull
Loco	Galen
Pata	Tass
Personalidad	Personlighet
Piel	Päls
Poco	Liten
Ratón	Mus
Rápido	Snabb
Salvaje	Vild
Tímido	Blyg

Geografía
Geografi

Altitud	Höjd
Atlas	Atlas
Ciudad	Stad
Continente	Kontinent
Hemisferio	Halvklot
Isla	Ö
Latitud	Breddgrad
Longitud	Longitud
Mapa	Karta
Mar	Hav
Meridiano	Meridian
Montaña	Berg
Mundo	Värld
Norte	Norr
Oeste	Väst
País	Land
Región	Område
Río	Flod
Sur	Söder
Territorio	Territorium

Geología
Geologi

Ácido	Syra
Calcio	Kalcium
Capa	Lager
Caverna	Grotta
Continente	Kontinent
Coral	Korall
Cristales	Kristaller
Cuarzo	Kvarts
Erosión	Erosion
Estalactita	Stalaktit
Estalagmitas	Stalagmiter
Fósil	Fossil
Géiser	Gejser
Lava	Lava
Meseta	Platå
Minerales	Mineraler
Piedra	Sten
Sal	Salt
Terremoto	Jordbävning
Volcán	Vulkan

Granja #1
Gård #1

Abeja	Bi
Agricultura	Jordbruk
Agua	Vatten
Arroz	Ris
Burro	Åsna
Caballo	Häst
Cabra	Get
Campo	Fält
Cuervo	Kråka
Fertilizante	Gödsel
Gato	Katt
Heno	Hö
Miel	Honung
Perro	Hund
Pollo	Kyckling
Semillas	Frön
Ternero	Kalv
Tierra	Land
Vaca	Ko
Valla	Staket

Granja #2
Gård #2

Agricultor	Bonde
Animales	Djur
Cebada	Korn
Colmena	Bikupa
Comida	Mat
Cordero	Lamm
Fruta	Frukt
Granero	Lada
Huerto	Fruktträdgård
Leche	Mjölk
Llama	Lama
Maíz	Majs
Oveja	Får
Pastor	Herde
Pato	Anka
Prado	Äng
Riego	Bevattning
Tractor	Traktor
Trigo	Vete
Vegetal	Grönsak

Herboristería
Herbalism

Ajo	Vitlök
Albahaca	Basilika
Aromático	Aromatisk
Azafrán	Saffran
Calidad	Kvalitet
Culinario	Kulinarisk
Eneldo	Dill
Estragón	Dragon
Flor	Blomma
Hinojo	Fänkål
Ingrediente	Ingrediens
Jardín	Trädgård
Lavanda	Lavendel
Mejorana	Mejram
Menta	Mynta
Perejil	Persilja
Planta	Växt
Romero	Rosmarin
Sabor	Smak
Verde	Grön

Herramientas
Verktyg

Alicates	Tång
Antorcha	Fackla
Cable	Kabel
Cuchillo	Kniv
Cuerda	Rep
Escalera	Stege
Grapadora	Häftapparat
Hacha	Yxa
Martillo	Hammare
Mazo	Klubba
Navaja	Rakkniv
Pala	Skyffel
Pegamento	Lim
Regla	Linjal
Rueda	Hjul
Tijeras	Sax
Tornillo	Skruv

Herramientas de Cocina
Matlagningsverktyg

Batidora	Blandare
Caldera	Vattenkokare
Colador	Sil
Cubertería	Bestick
Cuchara	Sked
Cuchillo	Kniv
Espátula	Spatel
Estufa	Spis
Exprimidor	Juicepress
Horno	Ugn
Ralladora	Rivjärn
Refrigerador	Kylskåp
Tapa	Lock
Tenedor	Gaffel
Termómetro	Termometer
Tijeras	Sax
Tostadora	Brödrost

Insectos
Insekter

Abeja	Bi
Avispa	Geting
Avispón	Bålgeting
Áfido	Bladlus
Cigarra	Cikada
Cucaracha	Kackerlacka
Escarabajo	Skalbagge
Gusano	Mask
Hormiga	Myra
Larva	Larv
Libélula	Trollslända
Mantis	Bönsyrsa
Mariposa	Fjäril
Mariquita	Nyckelpiga
Mosquito	Mygga
Polilla	Mal
Pulga	Loppa
Saltamontes	Gräshoppa
Termita	Termit

Instrumentos Musicales
Musikinstrument

Armónica	Munspel
Arpa	Harpa
Banjo	Banjo
Clarinete	Klarinett
Fagot	Fagott
Flauta	Flöjt
Gong	Gong
Guitarra	Gitarr
Mandolina	Mandolin
Marimba	Marimba
Oboe	Oboe
Pandereta	Tamburin
Percusión	Slagverk
Piano	Piano
Saxofón	Saxofon
Tambor	Trumma
Trombón	Trombon
Trompeta	Trumpet
Violín	Fiol
Violonchelo	Cello

Jardín
Trädgård

Arbusto	Buske
Árbol	Träd
Banco	Bänk
Césped	Gräsmatta
Estanque	Damm
Flor	Blomma
Garaje	Garage
Hamaca	Hängmatta
Hierba	Gräs
Huerto	Fruktträdgård
Jardín	Trädgård
Malezas	Ogräs
Manguera	Slang
Pala	Skyffel
Porche	Veranda
Rastrillo	Räfsa
Suelo	Jord
Terraza	Terrass
Trampolín	Trampolin
Valla	Staket

Juguetes
Leksaker

Ajedrez	Schack
Arcilla	Lera
Artesanía	Hantverk
Avión	Flygplan
Barco	Båt
Bicicleta	Cykel
Bola	Boll
Camión	Lastbil
Coche	Bil
Cometa	Drake
Favorito	Favorit
Imaginación	Fantasi
Juegos	Spel
Libros	Böcker
Muñeca	Docka
Pinturas	Färg
Robot	Robot
Rompecabezas	Pussel
Tambores	Trummor
Tren	Tåg

Libros
Böcker

Autor	Författare
Aventura	Äventyr
Colección	Samling
Contexto	Sammanhang
Dualidad	Dualitet
Escrito	Skrivs
Historia	Berättelse
Histórico	Historisk
Humorístico	Humoristisk
Inmersión	Nedsänkning
Lector	Läsare
Literario	Litterär
Narrador	Berättare
Novela	Roman
Página	Sida
Pertinente	Relevant
Poema	Dikt
Poesía	Poesi
Serie	Rad
Trágico	Tragisk

Literatura
Litteratur

Analogía	Analogi
Análisis	Analys
Anécdota	Anekdot
Autor	Författare
Biografía	Biografi
Comparación	Jämförelse
Conclusión	Slutsats
Descripción	Beskrivning
Diálogo	Dialog
Estilo	Stil
Metáfora	Metafor
Narrador	Berättare
Novela	Roman
Opinión	Åsikt
Poema	Dikt
Poético	Poetisk
Rima	Rim
Ritmo	Rytm
Tema	Tema
Tragedia	Tragedi

Mamíferos
Däggdjur

Ballena	Val
Burro	Åsna
Caballo	Häst
Camello	Kamel
Canguro	Känguru
Cebra	Zebra
Conejo	Kanin
Coyote	Prärievarg
Delfín	Delfin
Elefante	Elefant
Gato	Katt
Gorila	Gorilla
Jirafa	Giraff
Lobo	Varg
Mono	Apa
Oso	Björn
Oveja	Får
Perro	Hund
Toro	Tjur
Zorro	Räv

Mascotas
Husdjur

Agua	Vatten
Cabra	Get
Cachorro	Valp
Cola	Svans
Collar	Krage
Comida	Mat
Conejo	Kanin
Correa	Koppel
Garras	Klor
Gato	Katt
Hámster	Hamster
Lagarto	Ödla
Loro	Papegoja
Patas	Tassar
Perro	Hund
Pescado	Fisk
Ratón	Mus
Tortuga	Sköldpadda
Vaca	Ko
Veterinario	Veterinär

Matemáticas
Matematik

Aritmética	Aritmetisk
Ángulos	Vinklar
Circunferencia	Omkrets
Cuadrado	Torg
Decimal	Decimal
Diámetro	Diameter
Ecuación	Ekvation
Esfera	Sfär
Exponente	Exponent
Fracción	Fraktion
Geometría	Geometri
Números	Tal
Paralelo	Parallell
Perpendicular	Vinkelrät
Polígono	Polygon
Radio	Radie
Rectángulo	Rektangel
Simetría	Symmetri
Triángulo	Triangel
Volumen	Volym

Mediciones
Mått

Altura	Höjd
Ancho	Bredd
Byte	Byte
Centímetro	Centimeter
Decimal	Decimal
Grado	Grad
Gramo	Gram
Kilogramo	Kilogram
Kilómetro	Kilometer
Litro	Liter
Longitud	Längd
Masa	Massa
Metro	Meter
Minuto	Minut
Onza	Uns
Peso	Vikt
Profundidad	Djup
Pulgada	Tum
Tonelada	Ton
Volumen	Volym

Meditación
Meditation

Aceptación	Godkännande
Atención	Uppmärksamhet
Bondad	Vänlighet
Calma	Lugn
Claridad	Klarhet
Compasión	Medkänsla
Emociones	Känslor
Gratitud	Tacksamhet
Mental	Psykisk
Mente	Sinne
Movimiento	Rörelse
Música	Musik
Naturaleza	Natur
Observación	Observation
Paz	Fred
Pensamientos	Tankar
Perspectiva	Perspektiv
Postura	Hållning
Respiración	Andas
Silencio	Tystnad

Mitología
Mytologi

Arquetipo	Arketyp
Celos	Svartsjuka
Cielo	Himmel
Comportamiento	Beteende
Creación	Skapande
Creencias	Tro
Criatura	Varelse
Cultura	Kultur
Desastre	Katastrof
Fuerza	Styrka
Guerrero	Krigare
Héroe	Hjälte
Inmortalidad	Odödlighet
Laberinto	Labyrint
Leyenda	Legend
Monstruo	Monster
Mortal	Dödlig
Rayo	Blixt
Trueno	Åska
Venganza	Hämnd

Mueble
Möbler

Alfombra	Matta
Almohada	Kudde
Banco	Bänk
Cama	Säng
Cojines	Kuddar
Colchón	Madrass
Cortinas	Gardiner
Cómoda	Byrå
Escritorio	Skrivbord
Espejo	Spegel
Estantería	Bokhylla
Estantes	Hyllor
Futón	Futon
Hamaca	Hängmatta
Lámpara	Lampa
Silla	Stol
Sillón	Fåtölj
Sofá	Soffa

Naturaleza
Natur

Abejas	Bin
Animales	Djur
Ártico	Arktisk
Belleza	Skönhet
Bosque	Skog
Desierto	Öken
Dinámico	Dynamisk
Erosión	Erosion
Follaje	Lövverk
Glaciar	Glaciär
Niebla	Dimma
Nubes	Moln
Pacífico	Fredlig
Refugio	Skydd
Río	Flod
Salvaje	Vild
Santuario	Fristad
Sereno	Lugn
Tropical	Tropisk
Vital	Avgörande

Nutrición
Näring

Amargo	Bitter
Apetito	Aptit
Calidad	Kvalitet
Calorías	Kalorier
Carbohidratos	Kolhydrater
Cereales	Spannmål
Comestible	Ätlig
Dieta	Kost
Digestión	Matsmältning
Equilibrado	Balanserad
Fermentación	Jäsning
Nutriente	Näringsämne
Peso	Vikt
Proteínas	Proteiner
Sabor	Smak
Salsa	Sås
Salud	Hälsa
Saludable	Friska
Toxina	Toxin
Vitamina	Vitamin

Números
Nummer

Catorce	Fjorton
Cero	Noll
Cinco	Fem
Cuatro	Fyra
Decimal	Decimal
Diecinueve	Nitton
Dieciocho	Arton
Dieciséis	Sexton
Diecisiete	Sjutton
Diez	Tio
Doce	Tolv
Dos	Två
Nueve	Nio
Ocho	Åtta
Quince	Femton
Seis	Sex
Siete	Sju
Trece	Tretton
Tres	Tre
Veinte	Tjugo

Océano
Hav

Alga	Alger
Anguila	Ål
Arrecife	Rev
Atún	Tonfisk
Ballena	Val
Barco	Båt
Camarón	Räka
Cangrejo	Krabba
Coral	Korall
Delfín	Delfin
Esponja	Svamp
Mareas	Tidvatten
Medusa	Manet
Ostra	Ostron
Pescado	Fisk
Pulpo	Bläckfisk
Sal	Salt
Tiburón	Haj
Tormenta	Storm
Tortuga	Sköldpadda

Paisajes
Landskap

Cascada	Vattenfall
Cueva	Grotta
Desierto	Öken
Estuario	Flodmynning
Géiser	Gejser
Glaciar	Glaciär
Iceberg	Isberg
Isla	Ö
Lago	Sjö
Laguna	Lagun
Mar	Hav
Montaña	Berg
Oasis	Oas
Pantano	Träsk
Península	Halvö
Playa	Strand
Río	Flod
Tundra	Tundra
Valle	Dal
Volcán	Vulkan

Países #2
Länder #2

Albania	Albanien
Australia	Australien
Austria	Österrike
Dinamarca	Danmark
Etiopía	Etiopien
Francia	Frankrike
Grecia	Grekland
Indonesia	Indonesien
Irlanda	Irland
Jamaica	Jamaica
Japón	Japan
Laos	Laos
México	Mexico
Pakistán	Pakistan
Portugal	Portugal
Rusia	Ryssland
Siria	Syrien
Sudán	Sudan
Ucrania	Ukraina
Uganda	Uganda

Pájaros
Fåglar

Avestruz	Struts
Águila	Örn
Cigüeña	Stork
Cisne	Svan
Cuco	Gök
Cuervo	Kråka
Flamenco	Flamingo
Ganso	Gås
Garza	Häger
Gaviota	Mås
Gorrión	Sparv
Halcón	Hök
Huevo	Ägg
Loro	Papegoja
Paloma	Duva
Pato	Anka
Pelícano	Pelikan
Pingüino	Pingvin
Pollo	Kyckling
Tucán	Toucan

Pesca
Fiske

Agua	Vatten
Aletas	Fenor
Barco	Båt
Branquias	Gälar
Cable	Tråd
Cebo	Bete
Cesta	Korg
Cocinar	Kock
Equipo	Utrustning
Exageración	Överdrift
Gancho	Krok
Lago	Sjö
Mandíbula	Käke
Océano	Hav
Paciencia	Tålamod
Peso	Vikt
Playa	Strand
Río	Flod
Temporada	Säsong

Piratas
Pirater

Ancla	Ankare
Aventura	Äventyr
Bandera	Flagga
Brújula	Kompass
Capitán	Kapten
Cicatriz	Ärr
Cueva	Grotta
Espada	Svärd
Isla	Ö
Leyenda	Legend
Loro	Papegoja
Malo	Dålig
Mapa	Karta
Monedas	Mynt
Oro	Guld
Peligro	Fara
Playa	Strand
Ron	Rom
Tesoro	Skatt
Tripulación	Besättning

Plantas
Växter

Arbusto	Buske
Árbol	Träd
Bambú	Bambu
Baya	Bär
Bosque	Skog
Botánica	Botanik
Cactus	Kaktus
Fertilizante	Gödsel
Flor	Blomma
Flora	Flora
Follaje	Lövverk
Frijol	Böna
Hiedra	Murgröna
Hierba	Gräs
Hoja	Blad
Jardín	Trädgård
Musgo	Mossa
Pétalo	Kronblad
Raíz	Rot
Vegetación	Vegetation

Profesiones #1
Yrken # 1

Abogado	Advokat
Astrónomo	Astronom
Atleta	Idrottare
Bailarín	Dansare
Banquero	Bankir
Bombero	Brandman
Cartógrafo	Kartograf
Cazador	Jägare
Doctor	Läkare
Editor	Redaktör
Embajador	Ambassadör
Enfermera	Sjuksköterska
Entrenador	Tränare
Fontanero	Rörmokare
Geólogo	Geolog
Joyero	Juvelerare
Músico	Musiker
Pianista	Pianist
Psicólogo	Psykolog
Veterinario	Veterinär

Profesiones #2
Yrken # 2

Agricultor	Bonde
Astronauta	Astronaut
Bibliotecario	Bibliotekarie
Biólogo	Biolog
Cirujano	Kirurg
Dentista	Tandläkare
Detective	Detektiv
Filósofo	Filosof
Fotógrafo	Fotograf
Ilustrador	Illustratör
Ingeniero	Ingenjör
Inventor	Uppfinnare
Investigador	Forskare
Lingüista	Lingvist
Médico	Läkare
Periodista	Journalist
Piloto	Pilot
Pintor	Målare
Profesor	Lärare
Zoólogo	Zoolog

Restaurante #1
Restaurang # 1

Alergia	Allergi
Café	Kaffe
Cajero	Kassör
Camarera	Servitris
Carne	Kött
Cocina	Kök
Comida	Mat
Cuchillo	Kniv
Ingredientes	Ingredienser
Menú	Meny
Pan	Bröd
Picante	Kryddad
Plato	Platta
Pollo	Kyckling
Postre	Efterrätt
Reserva	Bokning
Salsa	Sås
Servilleta	Servett
Tazón	Skål

Restaurante #2
Restaurang nr 2

Agua	Vatten
Almuerzo	Lunch
Bebida	Dryck
Camarero	Servitör
Cena	Middag
Cuchara	Sked
Delicioso	Läcker
Ensalada	Sallad
Especias	Kryddor
Fideos	Nudlar
Fruta	Frukt
Hielo	Is
Huevos	Ägg
Pastel	Kaka
Pescado	Fisk
Sal	Salt
Silla	Stol
Sopa	Soppa
Tenedor	Gaffel
Verduras	Grönsaker

Ropa
Kläder

Abrigo	Päls
Blusa	Blus
Bufanda	Halsduk
Camisa	Skjorta
Chaqueta	Jacka
Cinturón	Bälte
Collar	Halsband
Delantal	Förkläde
Falda	Kjol
Guantes	Handskar
Joyas	Smycken
Moda	Mode
Pantalones	Byxor
Pijama	Pyjamas
Pulsera	Armband
Sandalias	Sandaler
Sombrero	Hatt
Suéter	Tröja
Vestido	Klänning
Zapato	Sko

Selva Tropical
Regnskog

Anfibios	Amfibier
Botánico	Botanisk
Clima	Klimat
Comunidad	Gemenskap
Diversidad	Mångfald
Especie	Art
Indígena	Inhemsk
Insectos	Insekter
Mamíferos	Däggdjur
Musgo	Mossa
Naturaleza	Natur
Nubes	Moln
Pájaros	Fåglar
Preservación	Bevarande
Refugio	Tillflykt
Respeto	Respekt
Restauración	Restaurering
Selva	Djungel
Supervivencia	Överlevnad
Valioso	Värdefull

Senderismo
Vandring

Acantilado	Klippa
Agua	Vatten
Animales	Djur
Botas	Stövlar
Camping	Camping
Cansado	Trött
Clima	Klimat
Cumbre	Toppmöte
Guías	Guide
Mapa	Karta
Montaña	Berg
Mosquitos	Mygg
Naturaleza	Natur
Orientación	Orientering
Parques	Parker
Pesado	Tung
Piedras	Stenar
Preparación	Förberedelse
Salvaje	Vild
Sol	Sol

Suministros de Arte
Konstmaterial

Aceite	Olja
Acrílico	Akryl
Acuarelas	Akvareller
Agua	Vatten
Arcilla	Lera
Borrador	Suddgummi
Caballete	Staffli
Carbón	Träkol
Cámara	Kamera
Cepillos	Borstar
Colores	Färger
Creatividad	Kreativitet
Ideas	Idéer
Lápices	Pennor
Mesa	Tabell
Papel	Papper
Pegamento	Lim
Pinturas	Färg
Silla	Stol
Tinta	Bläck

Surf
Surfa

Arrecife	Rev
Atleta	Idrottare
Campeón	Mästare
Clima	Väder
Diversión	Roligt
Espuma	Skum
Estilo	Stil
Estómago	Mage
Extremo	Extrem
Fuerza	Styrka
Multitudes	Folkmassor
Océano	Hav
Ola	Våg
Playa	Strand
Popular	Populär
Principiante	Nybörjare
Remo	Paddla
Rociar	Spray
Velocidad	Hastighet

Tecnología
Teknologi

Archivo	Fil
Blog	Blogg
Bytes	Byte
Cámara	Kamera
Cursor	Markör
Datos	Data
Digital	Digital
Estadísticas	Statistik
Fuente	Teckensnitt
Internet	Internet
Investigación	Forskning
Mensaje	Meddelande
Ordenador	Dator
Pantalla	Skärm
Seguridad	Säkerhet
Software	Programvara
Virtual	Virtuell
Virus	Virus

Tiempo
Tid

Ahora	Nu
Antes	Före
Anual	Årlig
Año	År
Ayer	Igår
Calendario	Kalender
Década	Årtionde
Día	Dag
Futuro	Framtid
Hora	Timme
Hoy	Idag
Mañana	Morgon
Mediodía	Middag
Mes	Månad
Minuto	Minut
Momento	Ögonblick
Noche	Natt
Reloj	Klocka
Semana	Vecka
Siglo	Århundrade

Tipos de Cabello
Hårtyper

Blanco	Vit
Brillante	Skinande
Calvo	Skallig
Corto	Kort
Delgada	Tunn
Gris	Grå
Grueso	Tjock
Largo	Lång
Marrón	Brun
Negro	Svart
Ondulado	Vågig
Plata	Silver
Rizado	Lockigt
Rizos	Lockar
Rubio	Blond
Saludable	Friska
Seco	Torr
Suave	Mjuk
Trenzado	Flätad
Trenzas	Flätor

Vacaciones #2
Semester # 2

Aeropuerto	Flygplats
Carpa	Tält
Destino	Destination
Extranjero	Utlänning
Fotos	Foton
Hotel	Hotell
Isla	Ö
Mapa	Karta
Mar	Hav
Ocio	Fritid
Pasaporte	Pass
Playa	Strand
Reservas	Reservationer
Restaurante	Restaurang
Taxi	Taxi
Transporte	Transport
Tren	Tåg
Vacaciones	Semester
Viaje	Resa
Visa	Visum

Vehículos
Fordon

Ambulancia	Ambulans
Autobús	Buss
Avión	Flygplan
Balsa	Flotte
Barco	Båt
Bicicleta	Cykel
Camión	Lastbil
Caravana	Husvagn
Coche	Bil
Cohete	Raket
Ferry	Färja
Helicóptero	Helikopter
Lanzadera	Skyttel
Metro	Tunnelbana
Motor	Motor
Neumáticos	Däck
Submarino	Ubåt
Taxi	Taxi
Tractor	Traktor
Tren	Tåg

Verano
Sommaren

Alegría	Glädje
Amigos	Vänner
Buceo	Dykning
Camping	Camping
Comida	Mat
Estrellas	Stjärnor
Familia	Familj
Hogar	Hem
Jardín	Trädgård
Juegos	Spel
Libros	Böcker
Mar	Hav
Música	Musik
Ocio	Fritid
Playa	Strand
Recuerdos	Minnen
Relajación	Avkoppling
Sandalias	Sandaler
Vacaciones	Semester
Viaje	Resa

Verduras
Grönsaker

Ajo	Vitlök
Alcachofa	Kronärtskocka
Apio	Selleri
Berenjena	Äggplanta
Brócoli	Broccoli
Calabaza	Pumpa
Cebolla	Lök
Ensalada	Sallad
Espinacas	Spenat
Guisante	Ärta
Jengibre	Ingefära
Nabo	Rova
Oliva	Oliv
Patata	Potatis
Pepino	Gurka
Perejil	Persilja
Rábano	Rädisa
Seta	Svamp
Tomate	Tomat
Zanahoria	Morot

Virtudes #1
Dygder #1

Apasionado	Passionerad
Artístico	Konstnärlig
Bien	Bra
Curioso	Nyfiken
Decisivo	Avgörande
Eficiente	Effektiv
Encantador	Charmig
Fiable	Pålitlig
Generoso	Generös
Gracioso	Rolig
Imaginativo	Fantasifull
Independiente	Oberoende
Inteligente	Intelligent
Limpio	Ren
Modesto	Blygsam
Paciente	Patient
Práctico	Praktisk
Sabio	Klok
Útil	Hjälpsam

Enhorabuena

Lo has conseguido!

Esperamos que hayas disfrutado de este libro tanto como nosotros al diseñarlo. Nos esforzamos por crear libros de la máxima calidad posible.
Esta edición está diseñada para proporcionar un aprendizaje inteligente, de calidad y divertido!

¿Te ha gustado este libro?

Una Petición Sencilla

Estos libros existen gracias a las reseñas que se publican.
¿Podrías ayudarnos dejando una reseña ahora?
Aquí tienes un breve enlace a la página de reseñas

BestBooksActivity.com/Opiniones50

¡DESAFÍO FINAL!

Reto n°1

¿Estás listo para tu juego gratis? Los utilizamos siempre, pero no son tan fáciles de encontrar. ¡Aquí están los **Sinónimos!**

Escribe 5 palabras que hayas encontrado en los rompecabezas (#21, #36, #76) y trata de encontrar 2 sinónimos para cada palabra.

Escriba 5 palabras del *Puzzle 21*

Palabras	Sinónimo 1	Sinónimo 2

Escriba 5 palabras del *Puzzle 36*

Palabras	Sinónimo 1	Sinónimo 2

Escriba 5 palabras del *Puzzle 76*

Palabras	Sinónimo 1	Sinónimo 2

Reto n°2

Ahora que te has calentado, escribe 5 palabras que hayas encontrado en los Puzzles 9, 17 y 25 e intenta encontrar 2 antónimos para cada palabra. ¿Cuántos puedes encontrar en 20 minutos?

Escriba 5 palabras del **Puzzle 9**

Palabras	Antónimo 1	Antónimo 2

Escriba 5 palabras del **Puzzle 17**

Palabras	Antónimo 1	Antónimo 2

Escriba 5 palabras del **Puzzle 25**

Palabras	Antónimo 1	Antónimo 2

Reto n°3

¡Genial! Este desafío final  no es nada para ti.

¿Preparado para el reto final? Elige 10 palabras que hayas descubierto en los diferentes rompecabezas y escríbelas a continuación.

1.	6.
2.	7.
3.	8.
4.	9.
5.	10.

Ahora escribe un texto pensando en una persona, un animal o un lugar que te guste.

Puedes usar la última página de este libro como borrador.

Tu Composición:

CUADERNO DE NOTAS :

HASTA PRONTO !

Todo el Equipo

DESCUBRA JUEGOS GRATIS

GO

↓

BESTACTIVITYBOOKS.COM/FREEGAMES